Minna no Nihongo

# みんなの日本語

Mittelstufe I

## 中級I 翻訳・文法解説 ドイツ語版
Übersetzungen & Grammatikalische Erklärungen

スリーエーネットワーク

© 2010 by 3A Corporation

All rights reserved. No part of this publication may be reproduced, stored in a retrieval system, or transmitted in any form or by any means, electronic, mechanical, photocopying, recording, or otherwise, without the prior written permission of the Publisher.

Published by 3A Corporation.
Trusty Kojimachi Bldg., 2F, 4, Kojimachi 3-Chome, Chiyoda-ku, Tokyo 102-0083, Japan

ISBN 978-4-88319-500-8 C0081

First published 2010
Printed in Japan

# Vorwort

**Minna no Nihongo Mittelstufe I** wurde als ein umfassendes Lehrmittel, das an **Minna no Nihongo Grundstufe I & II** anschließt, entworfen und herausgegeben. Obwohl **Minna no Nihongo** (Erstausgabe 1998) für Erwachsene im Allgemeinen, die zum ersten Mal Japanisch lernen, entwickelt wurde, damit sie in kurzer Zeit Grundkenntnisse der japanischen Sprache erwerben können, wird es in der Grundstufe außer als Lehrmittel für dieses allgemeine Publikum, das am Anfang als Benutzer vorgesehen war, auch als ein Lehrmittel für Lerner, die ein Studium in Japan beabsichtigen, und für ausländische Studierende in Japan verwendet; außerdem wird es nicht nur in Japan, sondern auch im Ausland benutzt.

Gleichzeitig wächst mit dem Sinken der Geburtenrate Japans und der Belebung des internationalen Austauschs die Zahl der Ausländer, die sich in Japan niederlassen oder beabsichtigen, hier zu arbeiten, und **Minna no Nihongo** wird weithin als Lehrbuch verwendet, mit dem auch solche Menschen leicht lernen können.

Während also die Vielfältigkeit der Lerner und die Anforderungen an die Lehrbücher wachsen, haben wir von allen Seiten Wünsche nach einem Lehrmittel für die Mittelstufe erhalten, das an **Minna no Nihongo Grundstufe I & II** anschließt. Um diesen Wünschen zu entsprechen, ist es uns eine Freude, Ihnen dieses Lehrbuch, das wir nach dem Verfassen und mehrmaligen Umschreiben, unzähligen Probenutzungen und Überprüfungen herausgeben, vorstellen zu können.

Während in der Grundstufe verlangt wird, dass diejenigen, die auf Japanisch kommunizieren müssen, ihre Gedanken mitteilen und verstehen können, was der Gesprächspartner gesagt hat, betrachten wir die Mittelstufe als ein Niveau, auf dem des Weiteren noch Inhalte verlangt werden, die nötig sind, um japanische Kultur, Gewohnheiten etc. zu verstehen. Das vorliegende Lehrbuch haben wir so konzipiert, dass es auch Lernern mit solchen Bedürfnissen ausreichende Hilfestellung leisten kann.

Zum Schluss möchte ich mich herzlich bei allen bedanken, die bei der Herausgabe des Buches durch ihre Meinungsäußerungen und ihre Probenutzung des Buches im Unterricht mitgewirkt haben. 3A Corporation wird sich auch in Zukunft bemühen, durch die Entwicklung und die Herausgabe von Lehrmitteln, die in der multikulturellen Gesellschaft gebraucht werden, das menschliche Netzwerk zu erweitern. Wir möchten Sie bitten, weiterhin unsere Arbeit zu unterstützen und uns zu ermutigen.

Michihiro Takai
Präsident, 3A Corporation
Oktober 2008

# Einleitung

## I. Aufbau

*Minna no Nihongo Mittelstufe I* besteht aus einem Lehrbuch (mit CD) und einem Buch mit Übersetzungen und grammatikalischen Erklärungen (in verschiedenen Sprachen erhältlich). Neben der englischen Ausgabe der Übersetzungen und grammatikalischen Erklärungen werden nach und nach weitere Ausgaben veröffentlicht.

Dieses Lehrbuch ist darauf ausgelegt, die gesamten sprachlichen Fertigkeiten, nämlich Sprechen/Hörverstehen und Lesen/Schreiben, die in der ersten Hälfte der Mittelstufe (dem „Brückenschlag" von der Grundstufe zur Mittelstufe) benötigt werden, sowie die Fähigkeit, selbständig zu lernen, zu kultivieren.

*Minna no Nihongo Mittelstufe* ist so angelegt, dass man mit dem vorliegenden *Mittelstufe I* und dem daran anschließenden *Mittelstufe II* die Kenntnisse der Mittelstufe des Japanischstudiums erwerben kann.

## II. Inhalt und Benutzungshinweise

### 1. Lehrbuch (mit CD)

(1) Lektionen

*Minna no Nihongo Mittelstufe I* (12 Lektionen) schließt an *Minna no Nihongo I & II* (insgesamt 50 Lektionen) an. Jede Lektion beinhaltet:

1) Grammatik & Übungen

Die grammatikalischen Inhalte jeder Lektion werden mit Satzstrukturen präsentiert, grammatikalische Fachausdrücke werden nicht benutzt.

Wenn der Teil, an den ein Ausdruck angeschlossen wird, einem Satz entspricht, wird er mit „⋯" gekennzeichnet.

z.B. ⋯ということだ (Lektion 2)

Wenn der Teil, an den der Ausdruck angeschlossen wird, einem Wort oder einer Phrase entspricht, wie z.B. einem Nomen, wird er mit „～" gekennzeichnet.

z.B. ～を～と言う (Lektion 1)

Aber auch wenn der Teil, an den der Ausdruck angeschlossen wird, ein Satz ist, wird er mit „～" markiert, wenn sein Ende eine bestimmte Form, wie z.B. die て-Form, た-Form, Wörterbuchform, たら-Form, ている-Form oder ば-Form verlangt.

z.B. ～たら、～た (Lektion 2)

Wie die grammatikalischen Inhalte (Satzstrukturen) tatsächlich verwendet werden, wird in der Form von Beispielsätzen und Unterhaltungen gezeigt. Wir haben Übungen („練習") zur Entwicklung der Fähigkeiten zur praktischen Anwendung erstellt und dort, wo Informationen zur Situation oder zur Sachlage benötigt werden, Illustrationen beigefügt.

Diese Übungen, die, wenn sie auch auf Übungen der Satzstrukturen basieren, die Mitteilung von Informationen anregen und das Gesprächsthema ausbauen, stärken die praktischen Konversations- und Lesefähigkeiten.

2) Sprechen & Hören

Aus dem Alltagsleben wurden mit Fokus auf Dialoge, in denen etwas besprochen oder verhandelt wird, kommunikative Situationen ausgewählt und Modell-Dialoge gebildet. Während die Interessen und der Lerneifer der Lerner angesprochen werden, tritt man in die Übungsphase ein und erreicht ohne Auswendiglernen schließlich den Punkt, dass man den beabsichtigten Dialog führen kann. Die vertrauten Figuren, die bereits in *Minna no Nihongo I & II* in Erscheinung getreten sind, führen die Dialoge in den verschiedenen Situationen.

1. やってみましょう (Ausprobieren)

   Einführung zum Ziel-Dialog. Entsprechend der Aufgabenstellung führt man mit eigenen Worten eine Unterhaltung zu vorgegebenen Situationen und Umständen.

2. 聞いてみましょう (erstes Anhören)

   Mit der CD hört man sich die wichtigsten Punkte („聞くポイント") und die Ausdrücke der jeweiligen Lektion aufmerksam an.

3. もう一度聞きましょう (nochmaliges Anhören)

   Während sie die CD hören, füllen die Lerner die Lücken und vervollständigen so den Dialog (das Anhören sollte in geeigneter Weise entsprechend dem Verständnis der Lerner durchgeführt werden).

4. 言ってみましょう (Nachsprechen)

   Der Dialog wird unter Beachtung der Aussprache und Intonation genau so wie auf CD nachgesprochen.

5. 練習をしましょう (Üben)

   Hier werden die Formulierungen, Wörter und Ausdrücke, die im Dialog benutzt werden, geübt.

6. 会話をしましょう (Führen des Dialogs)

   Mit Hilfe der Illustrationen übt und reproduziert man den Dialog.

7. チャレンジしましょう („Herausforderung")

   Nachdem man die Situation und die zwischenmenschlichen Beziehungen, die vorgegeben werden, erfasst hat, führt man die Unterredung, die das Ziel der jeweiligen Lektion ist.

3) Lesen & Schreiben

Im Abschnitt „読みましょう (Lesen)" stehen 12 Lesetexte zur Verfügung, die die Lerner mit Interesse und Vergnügen lesen können.

1. 考えてみましょう (Nachdenken über das Thema)

   Als Vorbereitung vor dem Lesen aktiviert man sein Wissen zum Thema des Lesetexts.

2. ことばをチェックしましょう (Vokabel-Check)

   Hier werden die Schlüsselwörter, die nötig sind, um den Lesetext zu verstehen, präsentiert (diese beinhalten auch neue Vokabeln aus den Vokabellisten). Die Bedeutung von unbekannten Wörtern sollte z.B. durch Nachschlagen in einem Wörterbuch geklärt werden.

3. 読みましょう (Lesen)

   Bei den Lesetexten der einzelnen Lektionen werden unter „読むときのポイント" (wichtige Punkte beim Lesen) Lesestrategien oder -fertigkeiten, die zum Verständnis des Inhalts nötig sind, als Aufgaben präsentiert. Sie zielen darauf ab, dass man die Hauptpunkte genau und schnell erfassen kann.

   Bei den Leseaktivitäten gibt es zwei Methoden, das stille und das laute Lesen; da wir denken, dass auch Letzteres wichtig ist, haben wir hier auf CD Beispiele für konkrete gesprochene Versionen aufgenommen.

4. 答えましょう (Beantwortung der Fragen)

   Hier wird überprüft, ob die Aufgaben unter „読むときのポイント" genau ausgeführt wurden. Je nach Bedarf stehen auch Fragen zu den inhaltlichen Einzelheiten zur Verfügung.

5. チャレンジしましょう („Herausforderung")

   Ziel dieser Aufgabe ist es, dass die Lerner fähig werden, mit dem Inhalt der Lesetexte zusammenhängende Ereignisse aus ihrem Umfeld oder Erfahrungen zu präsentieren (darüber zu sprechen oder zu schreiben).

4) Aufgaben

Bei den Aufgaben gibt es solche zum Hörverständnis（mit dem Zeichen 🔊 für CD versehen), zur Grammatik und zum Vokabular. Beim Hörverständnis gibt es Aufgaben, bei denen man sich die CD anhört und eine kurze Frage beantwortet, und solche, bei denen man sich ein kurzes Gespräch anhört und die wichtigsten Punkte erfasst. Beide Aufgabentypen wenden die Inhalte, die in der jeweiligen Lektion gelernt wurden, praktisch an, und zielen auf die Stärkung des Hörverständnisses ab. In den Grammatikaufgaben werden die neuen Satzmuster der jeweiligen Lektion überprüft, und in den Aufgaben zum Vokabular wird besonders auf die Festigung und Anwendung der Funktionswörter abgezielt.

(2) Lerninhalte

1) Sprechen & Hören

   ① Titel der Dialoge

   ② Ziele (Strategien)

   ③ grammatikalische Inhalte (Satzstrukturen), die in „Sprechen & Hören" vorkommen (42 Einträge)

   ④ zusätzlicher Inhalt, mit einem ＊ versehen (s. Einleitung, Punkt 2. Übersetzung und Grammatikalische Erklärungen) (9 Einträge)

2) Lesen & Schreiben

   ① Titel der Lesetexte

   ② Hinweise zum Lesen (Strategien)

   ③ Grammatikalische Inhalte (Satzstrukturen), die in „Lesen & Schreiben" vorkommen (53 Einträge)

   ④ zusätzlicher Inhalt, mit einem ＊ versehen (s. Einleitung, Punkt 2. Übersetzung und

Grammatikalische Erklärungen) (8 Einträge)

(3) Orthographie und *Furigana* (Lesungen in *Hiragana* über den *Kanji*)

1) Die Verwendung von *Kanji* basiert grundsätzlich auf der 常用漢字表(じょうようかんじひょう), der offiziellen Liste der sinojapanischen Schriftzeichen (*Kanji*) für den allgemeinen Gebrauch, sowie dem Anhang zu dieser.

① Für 熟字訓(じゅくじくん) (Wörter, die aus einer Kombination von zwei oder mehreren *Kanji* bestehen und eine Sonderlesung haben), die im Anhang der 常用漢字表(じょうようかんじひょう) aufgeführt sind, werden hier *Kanji* verwendet.

z.B. 友達(ともだち) Freund(in)   眼鏡(めがね) Brille   二十歳(はたち) 20 (Jahre alt)
風邪(かぜ) Erkältung

② Eigennamen wie Länder- und Ortsnamen sowie Begriffe aus Kunst und Kultur, Verwandtschaftsbezeichnungen etc. werden mit *Kanji* geschrieben, auch wenn diese *Kanji* bzw. ihre Lesungen nicht in der 常用漢字表(じょうようかんじひょう) stehen.

z.B. 厳島神社(いつくしまじんじゃ) Itsukushima-Schrein   夏目漱石(なつめそうせき) Sōseki Natsume
姪(めい) Nichte

2) Einige Wörter werden der leichteren Lesbarkeit halber nur in *Hiragana* geschrieben, auch wenn sie in der 常用漢字表(じょうようかんじひょう) oder dem Anhang dazu aufgeführt sind.

z.B. ある（有(あ)る besitzen・在(あ)る existieren）   いまさら（今更(いまさら)） nach so langer Zeit
さまざま（様々(さまざま)） verschieden

3) Für Zahlen werden grundsätzlich arabische Ziffern verwendet.

z.B. 9時(じ) 9 Uhr   10月(がつ)2日(ふつか) 2. Oktober   90歳(さい) 90 (Jahre alt)

In den folgenden Fällen werden allerdings *Kanji* verwendet.

z.B. 一人(ひとり)で alleine   一戸建(いっこだ)て Einfamilienhaus   一日中(いちにちじゅう) den ganzen Tag lang

4) Im Lehrbuch zu *Minna no Nihongo Mittelstufe I* werden grundsätzlich alle *Kanji* mit *Furigana* (Lesungen in *Hiragana* über den *Kanji*) versehen.

(4) Index

1) Vokabeln (ca. 910)

2) Ausdrücke aus den Dialogen (ca. 50)

3) *Kanji* (常用漢字(じょうようかんじ), die in den Lesetexten aller 12 Lektionen vorkommen, mit Ausnahme der Zeichen, die in der Grundstufe bereits gelernt wurden; 315 Zeichen)

(5) Lösungen

1) Lösungen

① Grammatik & Übungen, Sprechen & Hören, Lesen & Schreiben

② Aufgaben (enthält die Skripte zu den Hörverständnis-Aufgaben)

(Je nach Aufgabe gibt es abhängig vom Hintergrund der Lerner verschiedene Antwortmöglichkeiten. Hier wird jeweils ein Antwortbeispiel gegeben.)

2) Dialog-Skripte zu Sprechen & Hören

3) Inhalt der CD

(6) CD

Auf der CD sind die Dialoge von ① Sprechen & Hören, die Lesetexte von ② Lesen & Schreiben und die Hörverständnisaufgaben von ③ Aufgaben aufgenommen. Hiermit lernt man nicht nur unter Beachtung des Akzentes und der Intonation die Aussprache der einzelnen Wörter, sondern gewöhnt sich in den Dialogen, Übungen etc. an die natürliche Geschwindigkeit der japanischen Sprache und entwickelt seine Fähigkeiten, im Fluss des Gesprächs die wichtigsten Punkte zu erfassen und die Aufgaben zu lösen.

Weiterhin lernt man, wenn man sich die Lesetexte aus „Lesen & Schreiben" anhört, den Reichtum des Ausdrucks kennen, der auf der Verschiedenheit der Sprechweisen je nach Genre des Texts beruht. Die Lerner sollten darauf achten, wie welcher Teil im Text gelesen wird, welche Veränderungen in Rhythmus oder Tonhöhe damit einhergehen etc. Dadurch, dass man die CD zur Überprüfung nutzt, entwickeln die Lerner die Basis umfassender Fähigkeiten im Bereich der Anwendung, um ihre Gedanken zusammenzufassen, darüber zu sprechen oder zu schreiben (zu produzieren).

## 2. Übersetzungen & Grammatikalische Erklärungen (separat in verschiedenen Sprachen erhältlich)

Die 12 Lektionen dieses Bandes setzen sich aus den folgenden Punkten zusammen.

(1) Neue Vokabeln mit Übersetzungen

Die neuen Vokabeln, Ausdrücke aus den Dialogen und Eigennamen werden in jeder Lektion in der Reihenfolge ihres Vorkommens aufgelistet.

(2) Grammatikalische Erklärungen

1) Grammatikalische Inhalte

Die grammatikalischen Inhalte (Satzstrukturen) wurden basierend auf einem Lehrplan zusammengestellt, wie er für die Lerner in der Mittelstufe benötigt wird.

2) Grammatikalische Erklärungen (in der jeweiligen Sprache)

Die Erklärungen beschränken sich auf das von den Lernern benötigte Minimum; durch die Beispielsätze wird die Bedeutung bzw. Funktion der Satzstrukturen weiter präzisiert und gezeigt, wann und wo man letztere in realen Situationen verwenden kann.

3) Anschluss und Symbole

Im Lehrbuch werden die grammatikalischen Inhalte in Satzstrukturen präsentiert; sie werden mit Beispielsätzen dargestellt, ohne dass grammatikalische Fachbegriffe verwendet werden, und es wird darauf geachtet, dass die Form des Anschlusses ersichtlich ist.

In den grammatikalischen Erklärungen in der jeweiligen Sprache sind alle Anschlussformen angegeben, damit die Lerner sie selbst nachsehen können. Ferner werden wo nötig grammatikalische Fachbegriffe benutzt.

4) Verweise und zusätzliche Erklärungen

Fremdsprachen werden von der Grundstufe an stufenweise aufgebaut, und gleichzeitig werden sie spiralförmig (indem man, auch wenn man neue Grammatik lernt, bereits gelernten Inhalt einbringt und so wiederholt) erlernt. Inhalte, die in *Minna no Nihongo* gelernt wurden, oder mit dem jeweiligen Inhalt verwandte Punkte werden in Verweisen aufgeführt. Ferner werden zu Punkten, die in „Grammatik & Übungen" im Lehrbuch nicht aufgegriffen werden, aber nützliches Wissen darstellen, zusätzliche Erklärungen (in den „Lerninhalten" am Ende des Lehrbuchs mit einem ✻ versehen) hinzugefügt.

# Für die Lerner

Hier werden Punkte erläutert, damit Sie mit *Minna no Nihongo Mittelstufe I* (mit CD) und dem separat erhältlichen *Minna no Nihongo Mittelstufe I: Übersetzungen & Grammatikalische Erklärungen* (in verschiedenen Sprachen erhältlich) effektiv lernen können.

## I. *Minna no Nihongo Mittelstufe I* (mit CD)

### 1. Grammatik & Übungen

Lesen Sie bitte bei „Grammatikalische Inhalte" zunächst die Beispielsätze und vergewissern Sie sich so, in welchen Situationen bzw. unter welchen Umständen man die jeweilige Satzstruktur oder den jeweiligen Ausdruck verwenden kann. Vergleichen Sie sie bitte außerdem mit den Satzstrukturen und Ausdrücken aus der Grundstufe, mit denen man ähnliche Dinge ausdrücken kann. Als Nächstes vergewissern Sie sich, wie der Ausdruck angeschlossen wird, dann üben Sie ihn und danach wenden Sie ihn bei „Sprechen & Hören" und „Lesen & Schreiben" praktisch an.

### 2. Sprechen & Hören (Dialoge)

Zunächst bilden Sie bitte bei „やってみましょう(Ausprobieren)" mit dem Japanisch, das Sie beherrschen, Dialoge. Hören Sie sich als Nächstes bei „聞いてみましょう(erstes Anhören)" die CD gut an, wobei Sie auf die Ausdrücke und Wörter achten. Während Sie sich bei „もう一度聞きましょう(nochmaliges Anhören)" die CD noch einmal anhören, tragen Sie bei ＿＿＿ ein Wort oder einen Ausdruck ein. Danach lesen Sie bei „言ってみましょう(Nachsprechen)" den Dialog laut zur CD, wobei Sie auf die Aussprache und die Intonation Acht geben. Des Weiteren üben Sie dann bei „練習をしましょう(Üben)" die Ausdrücke, die im Dialog benutzt werden. Zum Schluss führen Sie bitte bei „会話をしましょう(Führen des Dialogs)" den Dialog mit Hilfe der Bilder.

Wenn Sie auf diese Art und Weise üben, werden Sie von sich aus den Dialog führen können, ohne sich zu zwingen, ihn auswendig zu lernen, und auch die Aufgabe „チャレンジしましょう („Herausforderung") " zum weiteren Ausbau Ihrer Fähigkeiten problemlos erledigen können.

Die Skripte zu den Dialogen stehen im Anhang bei „解答 (Lösungen)".

### 3. Lesen & Schreiben (Lesetexte)

Bereiten Sie sich bitte zunächst vor, bevor Sie den Haupttext lesen. Denken Sie bei „考えてみましょう(Nachdenken über das Thema)" über die Themen nach, die mit dem Haupttext im Zusammenhang stehen, und diskutieren Sie mit den Kommilitonen im Kurs und den Lehrern. Kontrollieren Sie als Nächstes bei „ことばをチェックしましょう(Vokabel-Check)" die Wörter, die im Text benutzt werden. Wenn Sie Wörter nicht kennen, schlagen Sie sie bitte in den Vokabeln in *Minna no Nihongo Mittelstufe I: Übersetzungen & Grammatikalische Erklärungen* (in verschiedenen Sprachen erhältlich) oder in einem Wörterbuch nach.

Dann lesen Sie bei „読みましょう(Lesen)" den Text. Weil unter „読むときのポイント(wichtige Punkte beim Lesen)" Dinge stehen, die zum Verstehen des Texts nötig sind, folgen Sie beim Lesen bitte diesen Anweisungen.

Zum Schluss vergewissern Sie sich bitte bei „答えましょう(Beantwortung der Fragen)", wie viel Sie vom Inhalt des Texts verstanden haben. Bei „チャレンジしましょう („Herausforderung") " schließen Sie anhand eines Themas, das mit dem Lesetext zu tun hat, die ganzen Leseaktivitäten ab, indem Sie über das, was Sie dazu wissen oder erlebt haben, ein Referat halten oder einen Aufsatz schreiben.

Im „漢字索引 (Kanji-Index)" im Anhang stehen 315 常用漢字 (ohne Kanji aus der Grundstufe), die in den Lesetexten verwendet werden, in der Reihenfolge, in der sie vorkommen. Nutzen Sie bitte die Lesungen, Schreibung, Bedeutungen und Anwendungen der Kanji zum Kanji-Lernen.

### 4. Aufgaben (Wiederholung)

Vergewissern Sie sich, ob Sie die Satzstrukturen und die Bedeutung und Verwendung des neuen Vokabulars der jeweiligen Lektion richtig verstanden haben, indem Sie die verschiedenen Aufgaben lösen. Die Lösungen („解答") stehen im Anhang.

### 5. CD (◁»): Zeichen für CD)

Auf der CD sind die Dialoge von ① Sprechen & Hören, die Lesetexte von ② Lesen & Schreiben und die Hörverständnisaufgaben von ③ Aufgaben aufgenommen.

◁») Bei den Dialogen wird die Geschwindigkeit der Gespräche von Lektion zu Lektion ein bisschen schneller. Gewöhnen Sie sich an die natürliche Geschwindigkeit der japanischen Sprache und üben Sie, die wichtigen Punkte im Dialog zu erfassen.

◁») Hören Sie sich die Lesetexte gut an und hören Sie, wie die jeweilige Stelle im Text gelesen wird, wobei Sie auch den Rhythmus und die Tonhöhe beachten.

◁») Die Aufgaben sind praktische Anwendungen dessen, was man in der Lektion gelernt hat. Testen Sie Ihr Hörverständnis.

## II. *Minna no Nihongo Mittelstufe I: Übersetzungen & Grammatikalische Erklärungen* (separat in verschiedenen Sprachen erhältlich)

*Übersetzungen & Grammatikalische Erklärungen* besteht aus dem neuen Vokabular und den grammatikalischen Erklärungen.

### 1. Neue Vokabeln

Neue Vokabeln, Ausdrücke im Dialog und Eigennamen jeder Lektion stehen in der Reihenfolge, in der sie vorkommen, im Buch. Vergewissern Sie sich bitte der Benutzungsweise der ca. 1000 neuen Vokabeln und Ausdrücke in den Dialogen, üben Sie sie immer wieder zusammen mit den 2000 Vokabeln, die Sie in der Grundstufe gelernt haben, und entwickeln Sie so Ihre Fähigkeit zur praktischen Anwendung und Umsetzung.

## 2. Grammatikalische Erklärungen

Hier stehen die grammatikalischen Erklärungen zu ca. 100 grammatischen Punkten (Satzstrukturen), die in „Sprechen & Hören" (Dialoge) und „Lesen & Schreiben" (Lesetexte) der jeweiligen Lektion vorkommen. Erwerben Sie die Fähigkeit zur Anwendung dadurch, dass Sie die Bedeutung und die Funktion der einzelnen Satzstrukturen lernen und Ihr Verständnis in den realen Dialogen, Situationen und im Kontext des Lesetexts vertiefen.

Wir haben dieses Lehrbuch *Minna no Nihongo Mittelstufe I* so konzipiert, dass die Lerner reibungslos von der Grundstufe zur Mittelstufe übergehen und ihre vier Sprachfähigkeiten (Sprechen, Hören, Lesen und Schreiben) in gleichem Maß und mit Spaß entwickeln können. Wir hoffen, dass es Ihnen beim Japanischlernen in der ersten Hälfte der Mittelstufe hilft und zum Ausgangspunkt für den nächsten Schritt, nämlich von der zweiten Hälfte der Mittelstufe zur Oberstufe, wird.

# Ausdrücke für die Anweisungen

| | | 課 | | | 課 |
|---|---|---|---|---|---|
| 依頼 | Bitte | 7 | 動作の列挙 | Aufzählung von Handlungen | 12 |
| 引用 | Zitat | 6 | | | |
| 確認 | Vergewisserung | 5 | 判断 | Beurteilung | 1 |
| 過去の意志 | Absicht in der Vergangenheit | 6 | 比較 | Vergleich (Komparativ) | 9 |
| | | | 否定の意志 | Verneinung einer Absicht | 6 |
| 勧誘 | Aufforderung | 10 | | | |
| 義務 | Pflicht | 6 | 比喩 | Vergleich | 1 |
| 経験 | Erfahrung | 11 | 文脈指示 | Demonstrativa im Kontext | 5 |
| 継続 | Fortdauer | 11 | | | |
| 経歴 | persönliche Vergangenheit | 11 | 変化 | Veränderung | 11 |
| | | | 理由 | Grund | 1 |
| 結果 | Resultat, Folge | 1 | 例示 | Veranschaulichung durch ein Beispiel | 1 |
| 結果の状態 | Resultatszustand | 11 | | | |
| 原因 | Ursache | 8 | | | |
| 限定 | Begrenzung | 6 | 移動動詞 | Bewegungsverb | 5 |
| 根拠 | Begründung | 1 | 感情動詞 | Verb der Emotion | 7 |
| 指示 | Anweisung | 7 | 状態動詞 | Zustandsverb | 9 |
| 事態の出現 | Auftreten einer Situation | 6 | 複合動詞 | Verbalkompositum | 10 |
| 習慣 | Gewohnheit | 11 | 疑問詞 | Fragewort | 5 |
| 手段 | Mittel/Methode | 11 | 固有名詞 | Eigenname | 1 |
| 状況からの判断 | Beurteilung aus einer Situation heraus | 1 | 格助詞 | Kasuspartikel | 4 |
| | | | 終助詞 | Satzschlusspartikel | 7 |
| 条件 | Bedingung | 9 | 助数詞 | Zähleinheitssuffix | 1 |
| 推量 | Vermutung | 5 | | | |
| 提案 | Vorschlag | 11 | 受身 | Passiv | 7 |
| 丁寧な依頼表現 | höfliche Formulierung einer Bitte | 1 | 間接受身 | indirektes Passiv | 12 |
| | | | 使役受身 | Kausativ-Passiv | 4 |
| 伝聞 | Hörensagen | 4 | 意向形 | Intentionalform | 5 |
| | | | 中止形 | *Chūshi*-Form | 4 |

|  |  | 課 |
|---|---|---|
| である体 | である -Stil | 4 |
| 丁寧形 | höfliche Form | 4 |
| 普通形 | einfache Form | 1 |
| 会話 | Dialog | 5 |
| 文章 | Text | 5 |
| 仮定 | Annahme | 2 |
| 使役 | Kausativ | 4 |
| 感情使役 | Gefühls-Kausativ | 7 |
| 完了 | Abschluss | 2 |
| 逆接 | adversative Satzverbindung | 1 |
| 反事実的用法 | irrealer Gebrauch | 9 |
| 付帯状況 | Begleitumstand | 11 |
| 並列 | Parataxe | 11 |
| 名詞修飾 | adnominale Bestimmung | 8 |
| 語幹 | Stamm | 12 |
| 主題 | Thema | 6 |
| 節 | Satzglied | 5 |
| 尊敬語 | ehrerbietige Ausdrücke | 9 |
| 同格 | Apposition | 4 |

# Abkürzungen der grammatikalischen Termini

| | |
|---|---|
| N | Nomen（名詞） |
| A | Adjektiv（形容詞） |
| い A | い-Adjektiv（い形容詞） |
| な A | な-Adjektiv（な形容詞） |
| V | Verb（動詞） |
| Vi. | intransitives Verb（自動詞） |
| Vt. | transitives Verb（他動詞） |
| V ます-Form | Verb ます-Form（動詞ます形） |
| V Wörterbuchform | Verb Wörterbuchform（動詞辞書形） |
| V ない-Form | Verb ない-Form（動詞ない形） |
| V た-Form | Verb た-Form（動詞た形） |
| V て-Form | Verb て-Form（動詞て形） |

# Auftretende Personen

マイク・ミラー／**Mike Miller**
Amerikaner,
Angestellter bei IMC

松本 正／**Matsumoto, Tadashi**
Japaner, Abteilungsleiter
bei IMC in Ōsaka

佐藤 けい子／**Satō, Keiko**
Japanerin, Angestellte
bei IMC in Ōsaka

中村 秋子／**Nakamura, Akiko**
Japanerin, Sektionsleiterin der
Verkaufsabteilung bei IMC

山田 一郎／**Yamada, Ichirō**
Japaner, Angestellter
bei IMC in Ōsaka

山田 友子／**Yamada, Tomoko**
Japanerin,
Bankangestellte

ジョン・ワット／**John Watt**
Engländer, Dozent an der
Sakura-Universität

太郎／**Tarō**
Japaner, Grundschüler (8), Sohn von
Tomoko und Ichirō Yamada

タワポン／**Thawaphon**
Thailänder, Student an der
Sakura-Universität

森／**Mori**
Japaner, Professor an der
Sakura-Universität

イー・ジンジュ／**Lee Jin Ju**
Koreanerin,
Forscherin am AKC

広田／**Hirota**
Japaner, Student an der
Sakura-Universität

佐野／**Sano**
Japanerin,
Hausfrau

野村／**Nomura**
Japanerin,
Hausfrau

**ホセ・サントス／ Jose Santos**
Brasilianer, Angestellter bei
Brazil Air

**マリア・サントス／ Maria Santos**
Brasilianerin,
Hausfrau

**カリナ／ Karina**
Indonesierin, Studentin an der
Fuji-Universität

**テレサ／ Teresa**
Brasilianerin, Grundschülerin (9)
Tochter von Jose & Maria Santos

**池田／ Ikeda**
Japaner,
Angestellter bei Brazil Air

**カール・シュミット／ Karl Schmidt**
Deutscher, Ingenieur der
Power Electric Company

**クララ・シュミット／ Klara Schmidt**
Deutsche,
Deutschlehrerin

**ワン・シュエ／ Wang, Xue**
Chinese, Arzt im
Kōbe-Krankenhaus

**ハンス／ Hans**
Deutscher, Grundschüler (12)
Sohn von Karl & Klara Schmidt

**リンリン／ Lin Lin**
Chinesin,
Nichte von Wang Xue

**渡辺 あけみ／ Watanabe, Akemi**
Japanerin, Angestellte bei der
Power Electric Company

\* IMC（Name einer Computersoftwarefirma）
\* AKC（アジア研究センター：Asia Research Institute）

# Inhaltsverzeichnis

**Vorwort**

**Einleitung**

**Für die Lerner**

**Ausdrücke für die Anweisungen**

**Abkürzungen der grammatikalischen Termini**

**Auftretende Personen**

# Teil I  Neue Vokabeln

**Lektion 1** ............................................................................................................. 2

**Lektion 2** ............................................................................................................. 6

**Lektion 3** ............................................................................................................. 9

**Lektion 4** ........................................................................................................... 12

**Lektion 5** ........................................................................................................... 16

**Lektion 6** ........................................................................................................... 19

**Lektion 7** ........................................................................................................... 23

**Lektion 8** ........................................................................................................... 26

**Lektion 9** ........................................................................................................... 29

**Lektion 10** ......................................................................................................... 33

**Lektion 11** ......................................................................................................... 37

**Lektion 12** ......................................................................................................... 42

# Teil II  Grammatikalische Erklärungen

**Lektion 1** ································································································· 46

1．～てもらえませんか・～ていただけませんか
　　～てもらえないでしょうか・～ていただけないでしょうか
2．～のようだ・～のような～・～のように…
3．～ことは／が／を
4．～を～と言(い)う
5．～という～
6．いつ／どこ／何(なに)／だれ／どんなに～ても

### 話(はな)す・聞(き)く

　～じゃなくて、～

### 読(よ)む・書(か)く

　…のだ・…のではない
　何人(なんにん)も、何回(なんかい)も、何枚(なんまい)も…

**Lektion 2** ································································································· 51

1．(1)(2)～たら、～た
2．～というのは～のことだ・～というのは…ということだ
3．…という～
4．…ように言(い)う／注意(ちゅうい)する／伝(つた)える／頼(たの)む
5．～みたいだ・～みたいな～・～みたいに…

### 話(はな)す・聞(き)く

　～ところ

**Lektion 3** ································································································· 54

1．～(さ)せてもらえませんか・～(さ)せていただけませんか
　　～(さ)せてもらえないでしょうか・～(さ)せていただけないでしょうか
2．(1)…ことにする
　　(2)…ことにしている
3．(1)…ことになる
　　(2)…ことになっている
4．～てほしい・～ないでほしい
5．(1)～そうな～・～そうに…

(2) 〜なさそう

　　　(3) 〜そうもない

**話す・聞く**

　　〜たあと、…

## Lektion 4 ································································································ 59

1. …ということだ
2. …の・…の？
3. 〜ちゃう・〜とく・〜てる
4. 〜（さ）せられる・〜される
5. 〜である
6. 〜ます、〜ます、…・〜くも、〜くも、…
7. (1) 〜（た）がる
　　(2) 〜（た）がっている
8. …こと・…ということ

**話す・聞く**

　　〜の〜

　　〜ましたら、…・〜まして、…

## Lektion 5 ································································································ 65

1. (1) あ〜・そ〜
　　(2) そ〜
2. …んじゃない？
3. 〜たところに／で
4. (1)(2) 〜（よ）うとする／しない
5. …のだろうか
6. 〜との／での／からの／までの／への〜
7. …だろう・…だろうと思う

**話す・聞く**

　　…から、〜てください

**読む・書く**

　　が／の

## Lektion 6 ......................................................................................................... 71

1．(1) …て…・…って…
　　(2) ～って…
2．(1) ～つもりはない
　　(2) ～つもりだった
　　(3) ～たつもり・～ているつもり
3．～てばかりいる・～ばかり～ている
4．…とか…
5．～てくる
6．～てくる・～ていく

**読む・書く**
　こ～

## Lektion 7 ......................................................................................................... 76

1．(1) ～なくてはならない／いけない・～なくてもかまわない
　　(2) ～なくちゃ／～なきゃ［いけない］
2．…だけだ・［ただ］…だけでいい
3．…かな
4．(1) ～なんか…
　　(2) …なんて…
5．(1) ～（さ）せる
　　(2) ～（さ）せられる・～される
6．…なら、…

**読む・書く**
　～てくれ

## Lektion 8 ......................................................................................................... 82

1．(1)(2) ～あいだ、…・～あいだに、…
2．(1)(2) ～まで、…・～までに、…
3．～た～
4．～によって…
5．～たまま、…・～のまま、…
6．…からだ

**話す・聞く**
　髪／目／形 をしている

## Lektion 9 ……………………………………………………………………………… 86

1．お〜ますです
2．〜てもかまわない
3．…ほど〜ない・…ほどではない
4．〜ほど〜はない／いない
5．…ため［に］、…・…ためだ
6．〜たら／〜ば、…た

## Lektion 10 …………………………………………………………………………… 90

1．(1)　…はずだ
　　(2)　…はずが／はない
　　(3)　…はずだった
2．…ことが／もある
3．〜た結果、…・〜の結果、…
4．(1)　〜出す
　　(2)　〜始める・〜終わる・〜続ける
　　(3)　〜忘れる・〜合う・〜換える

**読む・書く**
　…ということになる

## Lektion 11 …………………………………………………………………………… 95

1．〜てくる・〜ていく
2．〜たら［どう］？
3．…より…ほうが…
4．〜らしい
5．…らしい
6．〜として
7．(1)　〜ず［に］…
　　(2)　〜ず、…
8．〜ている

**話す・聞く**

　　～なんかどう？

## Lektion 12 ································································································ 101

1．…もの／もんだから
2．(1) ～(ら)れる
　　(2) ～(ら)れる
3．～たり～たり
4．～っぱなし
5．(1) …おかげで、…・…おかげだ
　　(2) …せいで、…・…せいだ

**話す・聞く**

　　…みたいです

**読む・書く**

　　どちらかと言えば、～ほうだ
　　～ます／ませんように

## Lerninhalte ································································································ 108

# Teil I
# Neue Vokabeln

# Lektion 1

| | | |
|---|---|---|
| どのように | | in welcher Weise, in welcher Form |
| 迷う［道に～］ | まよう［みちに～］ | sich verlaufen, [vom Weg] abkommen |
| 先輩 | せんぱい | *Senpai*, Älterer, Senior (Schule; Arbeitsplatz) |
| まるで | | genau wie, als ob, ganz wie |
| 明るい［性格が～］ | あかるい［せいかくが～］ | heiter, fröhlich [einen fröhlichen Charakter haben] |
| 父親 | ちちおや | Vater, mein Vater, Väter (vgl. 母親[ははおや]： Mutter, meine Mutter, Mütter) |
| 湖 | みずうみ | See |
| 目指す | めざす | anstreben, zum Ziel haben |
| 命 | いのち | Leben |
| おせち料理 | おせちりょうり | *Osechi* (festliches Essen zu Neujahr) |
| 初詣で | はつもうで | erster Tempel- od. Schreinbesuch zu Neujahr |
| 畳 | たたみ | *Tatami* (Matte aus Reisstroh) |
| 座布団 | ざぶとん | jap. Sitzkissen |
| 床 | ゆか | Fußboden, Boden |
| 正座 | せいざ | kniendes Sitzen auf den Fersen |
| おじぎ | | Verbeugung |
| 作家 | さっか | Schriftsteller/in |
| ～中［留守～］ | ～ちゅう［るす～］ | während ～, bei ～ [während der Abwesenheit von jmdm.] |
| いっぱい | | voll |
| どんなに | | wie sehr auch, egal wie |
| 立派［な］ | りっぱ［な］ | hervorragend, nobel |
| 欠点 | けってん | Schwäche, Makel, Defizit |
| ～過ぎ | ～すぎ | nach ～ , über ～ |
| 似合う | にあう | jmdm. stehen |

| | | |
|---|---|---|
| それで | | daher, also, deshalb |
| お礼 | おれい | Dankbarkeit, Dank |
| ポイント | | Punkt |
| 内容 | ないよう | Inhalt |
| 聞き取る | ききとる | erfassen, verstehen (etw., was man hört) |
| 表現 | ひょうげん | Ausdruck, Formulierung |
| 迷う［AかBか～］ | まよう | sich nicht entscheiden können [zwischen A und B] |
| 部分 | ぶぶん | Teil, Stelle |
| 市民 | しみん | Bürger |
| 会館 | かいかん | Halle, Gebäude, Haus |
| 市民会館 | しみんかいかん | Bürgerhaus |
| 伝統的［な］ | でんとうてき［な］ | traditionell |
| 実際に | じっさいに | in der Tat, tatsächlich, wirklich |
| そういう | | derartig, so ein/e |
| ふだん | | gewöhnlich, normal, alltäglich |
| 何とか | なんとか | irgendwie, auf die eine oder andere Art |
| イントネーション | | Intonation, Tonfall |
| 奨学金 | しょうがくきん | Stipendium |
| 推薦状 | すいせんじょう | Empfehlungsschreiben, Gutachten |
| 交流 | こうりゅう | Austausch (vgl. 交流パーティー: Kennenlern-Party) |
| 司会 | しかい | Moderation, Moderator/in |
| 目上 | めうえ | Ranghöhere/r, Höherstehende/r, Ältere/r |
| 断る | ことわる | ablehnen, absagen, verweigern |
| 引き受ける | ひきうける | übernehmen, akzeptieren |
| 印象 | いんしょう | Eindruck |
| チェックする | | kontrollieren, überprüfen |
| ［お］住まい | ［お］すまい | Wohnung, Wohnsitz [eines anderen] |
| たたむ | | falten, zusammenfalten |
| 重ねる | かさねる | aufeinanderlegen, übereinander legen, stapeln |
| 板張り | いたばり | Täfelung, Verschalung |
| 素足 | すあし | bloße Füße, nackte Füße |

| | | |
|---|---|---|
| 使い分ける | つかいわける | angemessen benutzen, unterschiedlich benutzen |
| 良さ | よさ | gute Seite, Vorteil, Vorzug |
| 読み取る | よみとる | ablesen, herauslesen, gut verstehen |
| 旅行者 | りょこうしゃ | Reisende/r, Tourist/in |
| 〜者 | 〜しゃ | 〜 ist/in, 〜 er/in, 〜 person |
| 最も | もっとも | höchst, äußerst, am meisten (zur Bildung des Superlatives) |
| 非常に | ひじょうに | sehr, überaus |
| それほど | | so sehr, in dem Grad |
| 代表する | だいひょうする | vertreten, repräsentieren |
| 全体 | ぜんたい | Gesamtheit, Ganzes |
| 敷く | しく | (*Tatami*) auslegen, (*Futon*) auslegen/ausbreiten, (*Zabuton*) legen |
| ちょうど | | genau |
| 何枚も | なんまいも | viele (flache Dinge) |
| つける [名前を〜] | [なまえを〜] | [einen Namen] geben, nennen |
| やまとことば | | japanisches Wort, das seinen Ursprung vor der Einführung des Chinesischen hat |
| 動かす | うごかす | bewegen, verschieben |
| 組み合わせる | くみあわせる | zusammensetzen, kombinieren |
| 客間 | きゃくま | Empfangszimmer, Gästezimmer |
| 居間 | いま | Wohnzimmer |
| 仕事部屋 | しごとべや | Arbeitszimmer |
| ワラ | | Stroh |
| イグサ | | Binse |
| 呼吸する | こきゅうする | atmen |
| 湿気 | しっけ | Feuchtigkeit |
| 取る [湿気を〜] | とる [しっけを〜] | [Feuchtigkeit] wegnehmen |
| 快適 [な] | かいてき [な] | angenehm, behaglich |
| 清潔 [な] | せいけつ [な] | sauber, rein |
| 本文 | ほんぶん | Haupttext, Text |
| 一戸建て | いっこだて | ein freistehendes Haus, Einfamilienhaus |
| 小学生 | しょうがくせい | Grundschüler/in |

| 日常生活 | にちじょうせいかつ | Alltagsleben, Alltag |

あのう、〜ていただけないでしょうか。　　Könnten Sie vielleicht freundlicherweise 〜?

> Man drückt durch „あのう" sein Zögern aus und bittet gleichzeitig um etwas, worum man nur schwer bitten kann.

何(なん)とかお願(ねが)いできないでしょうか。　　Wäre es nicht doch möglich, dass ich Sie darum bitte?

> Das Gefühl wird ausgedrückt, dass man unbedingt seine Bitte erfüllt bekommen möchte, im Wissen, dass es eigentlich nicht geht.

うちでよければどうぞ。　　Wenn Ihnen unser Haus recht ist, bitte!
お役(やく)に立(た)ててよかったです。　　Ich freue mich, dass ich Ihnen helfen konnte.
お預(あず)かりします。　　Ich kümmere mich darum (wörtl. Ich nehme es in Verwahrung).

---

村上春樹(むらかみはるき)　　Haruki Murakami：Schriftsteller & Übersetzer. 1949-.
『ノルウェイの森(もり)』　　*Naokos Lächeln*：ein Hauptwerk von Haruki Murakami. In verschiedenen Ländern übersetzt.
南(みなみ)太平洋(たいへいよう)　　Süd-Pazifik
トンガ王国(おうこく)　　Königreich Tonga
バオバブ　　Baobab, Affenbrotbaum：ein Baum afrikanischer Herkunft.
マダガスカル　　Madagaskar
タタミゼ　　tatamiser (fr.)：In Frankreich nennt man es so, wenn Leute den japanischen Stil oder die japanische Kultur in ihr Alltagsleben aufgenommen haben.

# Lektion 2

| | | |
|---|---|---|
| ふく［ガラスを～］ | | [eine Glasscheibe] wischen, abwischen |
| 結果 | けっか | Ergebnis |
| 外来語 | がいらいご | Fremdwort |
| 守る［地球を～］ | まもる［ちきゅうを～］ | [die Erde] beschützen |
| ソフトウェア | | Software |
| メール | | Mail |
| 郵便 | ゆうびん | Post |
| Eメール | イーメール | E-Mail |
| 栄養 | えいよう | Ernährung |
| カロリー | | Kalorie |
| エコ | | Öko |
| 環境 | かんきょう | Umwelt |
| アポ | | Termin, Verabredung |
| 省エネ | しょうエネ | Energiesparen |
| 学習する | がくしゅうする | lernen, studieren |
| 記事 | きじ | Artikel |
| 分ける［ごみを～］ | わける | [Müll] trennen |
| うわさ | | Gerücht, Gerede |
| 辺り | あたり | Gegend, Nachbarschaft |
| アドバイス | | Rat, Ratschlag |
| 事件 | じけん | Vorfall, Zwischenfall |
| 奪う | うばう | wegnehmen, rauben |
| 干す | ほす | trocknen |
| 以外 | いがい | außer |
| つく［うそを～］ | | lügen, [die Unwahrheit] sagen |
| ロボット | | Roboter |
| 本物 | ほんもの | Echtheit, Original |
| 飛ぶ［空を～］ | とぶ［そらを～］ | [am Himmel] fliegen |

| | | |
|---|---|---|
| オレンジ | | Orange |
| パジャマ | | Pyjama |
| 四角い | しかくい | viereckig |
| 腕 | うで | Arm |
| つける［腕に〜］ | ［うでに〜］ | [am Arm] tragen, anziehen |
| ふるさと | | Geburtsort, Heimat |
| 話しかける | はなしかける | ansprechen |
| 不在連絡票 | ふざいれんらくひょう | Paketbenachrichtigung, Benachrichtigung über die versuchte Paketzustellung |
| 〜宅 | 〜たく | 〜 s Haus, 〜 s Wohnung |
| 工事 | こうじ | Bauarbeiten |
| 休日 | きゅうじつ | Feiertag, Ruhetag |
| 断水 | だんすい | Absperrung der Wasserleitung |
| リモコン | | Fernbedienung |
| ロボコン | | Roboter-Wettbewerb |
| 苦手［な］ | にがて［な］ | nicht gut sein |
| 紛らわしい | まぎらわしい | zum Verwechseln ähnlich, leicht zu verwechseln |
| 正確［な］ | せいかく［な］ | genau, exakt, richtig, präzis |
| バランス | | Gleichgewicht, Balance, Ausgewogenheit |
| 引く［線を〜］ | ひく［せんを〜］ | [eine Linie] ziehen |
| 筆者 | ひっしゃ | Schreiber/in, Verfasser/in |
| いまだに | | immer noch |
| とんでもない | | Auf keinen Fall!, So ist das überhaupt nicht! |
| 宇宙人 | うちゅうじん | Außerirdische/r, Alien |
| 全く | まったく | völlig, ganz |
| 別の | べつの | andere/r/s |
| 〜自身 | 〜じしん | 〜 selbst |
| 友人 | ゆうじん | Freund/in |
| また | | und, außerdem, noch dazu |
| ライス | | Reis (als Beilage bei westlichen Gerichten) |
| アドレス | | Adresse |
| メールアドレス | | E-Mail-Adresse |
| プレゼン | | Präsentation |

| | | |
|---|---|---|
| アイデンティティ | | Identität |
| コンプライアンス | | Zustimmung, Einwilligung |
| 例えば | たとえば | zum Beispiel |
| ポリシー | | Politik, Prinzip |
| 場合 | ばあい | Fall |
| ％ | パーセント | Prozent |
| 普通に | ふつうに | normalerweise, gewöhnlich |
| いまさら | | nach so langer Zeit |
| 必要 | ひつよう | Notwendigkeit |
| なくてはならない | | haben müssen, nicht ohne auskommen |
| 取る　　　　　　［バランスを～］ | とる | [das Gleichgewicht] bewahren |
| 文章 | ぶんしょう | Text, Aufsatz, Essay |
| 比べる | くらべる | vergleichen |

| | |
|---|---|
| お忙（いそが）しいところ、……。 | Ich weiß, Sie sind momentan sehr beschäftigt, … . |
| | Man spricht den Gesprächspartner an, wobei man auf seine Situation Rücksicht nimmt. |
| それで……。 | Und … . |
| | Man hört dem Gesprächspartner zu und fordert ihn auf, noch weiter zu reden. |
| 僕自身（ぼくじしん）もそうだけど、……。 | Bei mir persönlich ist es auch so, aber … . |
| 何（なに）が何（なん）だかわからない。 | Ich habe keine Ahnung, worum es hierbei überhaupt geht. |

# Lektion 3

| | | |
|---|---|---|
| インタビューする | | interviewen |
| 担当する | たんとうする | übernehmen, verantwortlich sein |
| アルバイト先 | アルバイトさき | Arbeitsplatz (Nebenjob) |
| 〜先 | 〜さき | 〜 platz, 〜 ort, 〜 ziel |
| 店長 | てんちょう | Filialleiter/in (leitende/r Mitarbeiter/in eines Geschäfts) |
| 研修 | けんしゅう | Schulung, Training, Ausbildung am Arbeitsplatz |
| 話し合う | はなしあう | besprechen |
| 通勤する | つうきんする | zur Arbeit pendeln, zur Arbeit gehen |
| これまで | | bis jetzt, bisher |
| 減らす | へらす | vermindern, verringern |
| 引っ越す | ひっこす | umziehen |
| 〜か国 | 〜かこく | (Zähleinheitssuffix für Länder) |
| 家庭 | かてい | Familie |
| 事情 | じじょう | Umstände |
| 幼稚園 | ようちえん | Kindergarten |
| 昼寝する | ひるねする | Mittagsschlaf machen |
| 帰国する | きこくする | in sein Heimatland zurückkehren |
| 来社 | らいしゃ | Besuch einer Firma (jemand kommt zur Firma) |
| 新製品 | しんせいひん | neues Produkt |
| 新〜 | しん〜 | neue/r/s 〜 |
| 発表会 | はっぴょうかい | Vorführung, Präsentationsveranstaltung |
| いつまでも | | für immer |
| 景気 | けいき | Konjunktur, Geschäftslage |
| これ以上 | これいじょう | mehr als das |
| 森 | もり | Wald |
| 声［市民の〜］ | こえ［しみんの〜］ | Stimme [der Bürger] |
| 受ける　［インタビューを〜］ | うける | annehmen [ein Interview gewähren] |
| 要望 | ようぼう | Wunsch, Verlangen |

| | | |
|---|---|---|
| 本当は | ほんとうは | eigentlich, in Wirklichkeit |
| おとなしい | | artig, gehorsam, zahm |
| しゃべる | | reden, plaudern, schwatzen, plappern |
| 振る［彼女を〜］ | ふる［かのじょを〜］ | [der Freundin] einen Korb geben |
| Tシャツ | ティーシャツ | T-Shirt |
| 数 | かず | Zahl |
| 切る［電話を〜］ | きる［でんわを〜］ | [das Telefongespräch] beenden |
| 秘書 | ひしょ | Sekretär/in |
| 教授 | きょうじゅ | Professor/in |
| わざわざ | | extra |
| 取る［時間を〜］ | とる［じかんを〜］ | sich [Zeit] nehmen |
| できれば | | wenn möglich |
| 変更する | へんこうする | ändern, verändern |
| 急用 | きゅうよう | dringendes Geschäft, dringende Angelegenheit |
| 気にする | きにする | sich sorgen, sich etw. zu Herzen nehmen, etw. nicht vergessen können |
| 取引先 | とりひきさき | Kunde, Klient, Geschäftspartner |
| 学生用 | がくせいよう | für Studierende |
| 〜用［学生〜］ | 〜よう［がくせい〜］ | für 〜 [für Studierende] |
| コンピューター室 | コンピューターしつ | Computerraum |
| 〜室 | 〜しつ | 〜 raum |
| 渋滞 | じゅうたい | Stau |
| 瞬間 | しゅんかん | Augenblick, Moment |
| 意識 | いしき | Wahrnehmung, Bewusstsein |
| アンケート | | Umfrage |
| 調査 | ちょうさ | Untersuchung |
| 傾向 | けいこう | Tendenz |
| 避ける | さける | vermeiden, ausweichen |
| 悲観的［な］ | ひかんてき［な］ | pessimistisch |
| グラフ | | Diagramm, graphische Darstellung |
| 時 | とき | Zeit |
| 最高に | さいこうに | aufs Höchste, absolut |

| | | |
|---|---|---|
| もう一つ | もうひとつ | noch eine/r/s, der/die/das andere |
| あいだ | | Zeitraum, während |
| 前者 | ぜんしゃ | Erstere/r/s |
| 後者 | こうしゃ | Letztere/r/s |
| やはり | | wie erwartet, doch |
| 恋 | こい | Liebe, Leidenschaft |
| 幸せ | しあわせ | Glücklichkeit, Glück |
| 感じる | かんじる | fühlen, empfinden, merken |
| 寝坊する | ねぼうする | spät aufstehen, verschlafen |
| 危険 | きけん | Gefahr |
| 寝顔 | ねがお | Gesicht eines Schlafenden |

| | |
|---|---|
| お電話、代わりました。 | Sie wurden verbunden. |
| どうかしましたか。 | Ist etwas? |
| わざわざ〜ていただいたのに、……。 | Wo Sie doch extra 〜 für mich gemacht haben ... . |

> Man teilt das Gefühl mit, dass es einem Leid tut, weil man das Wohlwollen des Gesprächspartners vergeudet hat.

| | |
|---|---|
| 困りましたね。 | Was machen wir da? |
| できれば、〜ていただけないでしょうか。 | Könnten Sie vielleicht 〜 machen, wenn es Ihnen möglich ist? |

> Man teilt seinen Wunsch zurückhaltend mit.

| | |
|---|---|
| おいでください。 | Kommen Sie bitte! |
| 申し訳ありませんでした。 | Es tut mir sehr Leid. |

---

| | |
|---|---|
| 東北 | Tōhoku-Region in Japan (die Präfekturen Aomori, Iwate, Akita, Yamagata, Miyagi und Fukushima) |

# Lektion 4

| | | |
|---|---|---|
| 検査する | けんさする | untersuchen, prüfen |
| 明日 | あす | morgen |
| 能力 | のうりょく | Fähigkeit, Talent, Begabung |
| バザー | | Basar |
| マスク | | Mundmaske, Mundschutz |
| スーツケース | | Koffer |
| 目が覚める | めがさめる | aufwachen |
| 朝礼 | ちょうれい | Morgenappell (einer Schule od. eines Betriebes) |
| 校歌 | こうか | Schulhymne |
| 敬語 | けいご | Höflichkeitssprache |
| 感想文 | かんそうぶん | Beschreibung der Eindrücke |
| 運動場 | うんどうじょう | Sportplatz |
| いたずら | | Streich, böser Scherz |
| 美しい | うつくしい | schön |
| 世紀 | せいき | Jahrhundert |
| 平和［な］ | へいわ［な］ | friedlich |
| 人々 | ひとびと | Leute, Menschen |
| 願う | ねがう | wünschen, hoffen |
| 文 | ぶん | Satz, Text |
| 書き換える | かきかえる | umschreiben |
| 合わせる | あわせる | vereinen, zusammenfügen, kombinieren |
| もともと | | ursprünglich |
| 若者 | わかもの | Jugendliche/r, Jugend |
| ～湖 | ～こ | ～ see |
| 深い | ふかい | tief |
| さまざま［な］ | | verschieden |
| 苦しい［生活が～］ | くるしい［せいかつが～］ | schwer, hart [ein schweres Leben haben, schlecht dran sein] |
| 性格 | せいかく | Charakter |
| 人気者 | にんきもの | Liebling, Favorit/in |

| | | |
|---|---|---|
| 多く | おおく | eine Menge, viele |
| 不安［な］ | ふあん［な］ | unruhig, besorgt |
| 出る［製品が～］ | でる［せいひんが～］ | herauskommen [ein Produkt kommt heraus] |
| 雷 | かみなり | Donner, Gewitter |
| うち | | unser/e ～ (vgl. うちの子ども：unser Kind) |
| 残念［な］ | ざんねん［な］ | bedauerlich, schade |
| 認める | みとめる | zugeben |
| 現実 | げんじつ | Realität |
| 愛する | あいする | lieben |
| 首都 | しゅと | Hauptstadt |
| 伝言 | でんごん | Nachricht, Mitteilung |
| 留守番電話 | るすばんでんわ | Anrufbeantworter |
| メッセージ | | Nachricht, Botschaft, Mitteilung |
| 受ける［伝言を～］ | うける［でんごんを～］ | [eine Nachricht] annehmen |
| 入れる［メッセージを～］ | いれる | [eine Nachricht] hinterlassen |
| 差し上げる［電話を～］ | さしあげる［でんわを～］ | geben [anrufen] |
| そのように | | so, auf diese Weise (vgl. このように auf diese Weise) |
| 出る［電話に～］ | でる［でんわに～］ | [ans Telefon] gehen |
| 急［な］ | きゅう［な］ | dringend, eilig, plötzlich |
| 入る［仕事が～］ | はいる［しごとが～］ | dazukommen [Arbeit kommt dazu] |
| 取り消す | とりけす | rückgängig machen, widerrufen |
| 来客中 | らいきゃくちゅう | Besuch haben |
| 食パン | しょくパン | Toastbrot |
| 売り切れ | うりきれ | Ausverkauftsein |
| バーゲンセール | | Ausverkauf |
| 案内状 | あんないじょう | Einladung, Einladungsschreiben |
| ～状［招待～］ | ～じょう［しょうたい～］ | ～ schreiben/brief [Einladungsschreiben] |
| 遠い［電話が～］ | とおい［でんわが～］ | schlecht hören [die Verbindung ist schlecht] |
| ～嫌い | ～ぎらい | eine Abneigung gegen ～ haben/Person, die eine Abneigung gegen ～ hat |

| 時代 | じだい | Zeit, Zeitalter |
| 順に | じゅんに | geordnet, nacheinander |
| 失礼［な］ | しつれい［な］ | unhöflich |
| 勧める | すすめる | raten, empfehlen |
| 腹を立てる | はらをたてる | sich ärgern, wütend werden |
| 味わう | あじわう | erfahren, erleben, erleiden |
| つなぐ | | halten, miteinander verbinden |
| エピソード | | Episode, Anekdote |
| 大嫌い | だいきらい | nicht ausstehen können, hassen |
| 大〜<br>　［好き / 嫌い］ | だい〜<br>　［すき / きらい］ | sehr 〜 [sehr gern mögen/nicht ausstehen<br>　können] |
| しつこい | | aufdringlich, hartnäckig, beharrlich |
| 全員 | ぜんいん | alle, alle Beteiligten |
| 数日 | すうじつ | einige Tage |
| 親せき | しんせき | Verwandtschaft |
| 接続する | せつぞくする | verbinden |
| 申し出る | もうしでる | vorschlagen, anbieten |
| 結局 | けっきょく | schließlich, letztendlich |
| 早速 | さっそく | sofort |
| そば | | Seite, Nähe |
| 取り付ける | とりつける | anschließen, einrichten |
| 出席者 | しゅっせきしゃ | Anwesende/r, Teilnehmer/in |
| 料金 | りょうきん | Gebühr, Tarif |

| いつもお世話になっております。 | Vielen Dank für Ihre ständigen Bemühungen. |
| あいにく……。 | Leider … . |
| | Das Gefühl wird mitgeteilt, dass es einem Leid tut, weil man der Erwartung des Gesprächspartners nicht entsprechen kann. |
| 恐れ入りますが、……。 | Entschuldigen Sie bitte, aber … . |
| | Eine Floskel, die immer am Satzanfang verwendet wird, wenn man jemanden um etwas bittet, dem man Respekt zollen muss. |
| このままでよろしければ | Wenn es Ihnen so recht ist |

ただいまのメッセージをお預（あず）かりしました。　Ihre Nachricht (wörtl. Die Nachricht eben) wurde aufgezeichnet.

ごめん。　　　　　　　　　　　　　　　Entschuldige.

......................................................................................................................

日本語能力試験（にほんごのうりょくしけん）　Japanese Language Proficiency Test：Eine Prüfung zur Erfassung und Bestätigung der Japanischkenntnisse von Menschen, für die Japanisch nicht die Muttersprache ist

摩周湖（ましゅうこ）　Mashū-See：See auf Hokkaidō

夏目漱石（なつめそうせき）　Sōseki Natsume：Schriftsteller. Kritiker und Anglist. 1867-1916.

マーク・トゥエイン　Mark Twain：amerikanischer Schriftsteller. 1835-1910.

H. G. ウェルズ　H.G. Wells：englischer Schriftsteller und Kritiker. 1866-1946.

グラハム・ベル　Alexander Graham Bell：Physiker und Erfinder. Erfand in Amerika das Telefon. 1847-1922.

ハートフォード　Hartford：Eine Stadt in Connecticut an der Ostküste von Amerika

# Lektion 5

| | | |
|---|---|---|
| 教科書 | きょうかしょ | Lehrbuch |
| 居酒屋 | いざかや | Kneipe |
| やきとり | | gebratenes Hühnerfleisch am Spieß, *Yakitori* |
| 画面 | がめん | Monitor, Bildschirm |
| 俳優 | はいゆう | Schauspieler/in |
| そっくり | | genau so aussehen wie |
| コンビニ | | Convenience Store (kleiner Selbstbedienungsladen, meist rund um die Uhr geöffnet) |
| 改札［口］ | かいさつ［ぐち］ | Bahnsteigsperre [Bahnsteigsperrendurchgang] |
| 運転手 | うんてんしゅ | Fahrer/in |
| かかってくる［電話が〜］ | ［でんわが〜］ | [einen Anruf] bekommen |
| 切れる［電話が〜］ | きれる［でんわが〜］ | Das Klingeln [des Telefons] hört auf |
| 挙げる［例を〜］ | あげる［れいを〜］ | [ein Beispiel] nennen |
| 未来 | みらい | Zukunft |
| なくす［戦争を〜］ | ［せんそうを〜］ | [Krieg] abschaffen |
| 不思議［な］ | ふしぎ［な］ | merkwürdig, seltsam, wundersam |
| 増やす | ふやす | etw. vermehren |
| 今ごろ | いまごろ | um diese Zeit |
| 観光客 | かんこうきゃく | Tourist/in |
| 沿う［川に〜］ | そう［かわに〜］ | [dem Fluss] folgen, [den Fluss] entlang verlaufen |
| 大通り | おおどおり | breite Straße, Hauptstraße |
| 出る［大通りに〜］ | でる［おおどおりに〜］ | [an eine Hauptstraße] kommen |
| 横断歩道 | おうだんほどう | Zebrastreifen, Fußgängerüberweg |
| 突き当たり | つきあたり | Ende, Punkt, wo es nicht mehr weiter geht |
| 線路 | せんろ | Gleis |
| 向こう側 | むこうがわ | die andere Seite |
| 踏切 | ふみきり | Bahnübergang |
| 分かれる［道が〜］ | わかれる［みちが〜］ | sich gabeln, sich teilen [der Weg gabelt sich] |

| | | |
|---|---|---|
| 芸術 | げいじゅつ | Kunst |
| 道順 | みちじゅん | Weg, Richtung, Route |
| 通行人 | つうこうにん | Passant/in |
| 通り | とおり | Straße |
| 川沿い | かわぞい | Flussufer, am Fluss entlang |
| 〜沿い | 〜ぞい | am 〜 entlang |
| 流れる | ながれる | fließen |
| 〜先 [100メートル〜] | 〜さき | nach 〜 [nach 100 Metern] |
| 〜方 [右の〜] | 〜ほう [みぎの〜] | Richtung 〜 [nach rechts] |
| 南北 | なんぼく | Süden und Norden |
| 逆 | ぎゃく | Gegenteil |
| 南半球 | みなみはんきゅう | südliche Hemisphäre |
| 北半球 | きたはんきゅう | nördliche Hemisphäre |
| 常識 | じょうしき | Allgemeinwissen, gesunder Menschenverstand |
| 差別 | さべつ | Diskriminierung |
| 平等[な] | びょうどう[な] | gleichberechtigt |
| 位置 | いち | Stelle, Position |
| 人間 | にんげん | Mensch |
| 観察する | かんさつする | betrachten, beobachten |
| 面 | めん | Oberfläche, Fläche |
| 中央 | ちゅうおう | Mitte |
| 自然に | しぜんに | von Natur aus, automatisch |
| 努力する | どりょくする | sich bemühen, sich anstrengen |
| そこで | | daher, darauf |
| 普通 | ふつう | normalerweise |
| 経緯度 | けいいど | Längen- und Breitengrad |
| 無意識に | むいしきに | unbewusst |
| 表れ | あらわれ | Zeichen, Ausdruck |
| 上下 | じょうげ | oben und unten |
| 左右 | さゆう | links und rechts |
| 少なくとも | すくなくとも | wenigstens, mindestens |

| | | |
|---|---|---|
| 文句 | もんく | Beschwerde |
| わざと | | absichtlich |
| 経度 | けいど | Längengrad |
| 緯度 | いど | Breitengrad |
| 使用する | しようする | gebrauchen |
| 東西 | とうざい | Ost und West |

～から、～てください。　　　　　　　　～, deshalb ～ bitte … .

> Man beschreibt den Weg, indem man einen Orientierungspunkt nennt, damit es der Gesprächspartner gut versteht.

---

| | |
|---|---|
| 函館(はこだて) | Hakodate：Hafenstadt im Süden von Hokkaidō |
| 東京(とうきょう)タワー | Tōkyō Tower：Fernsehturm in Minato-ku, Tōkyō, der im Jahr 1958 gebaut wurde |
| アラビア語(ご) | Arabisch |
| マッカーサー | Stuart MacArthur：Australier. Lehrer an einer Oberschule. |
| アフリカ | Afrika |
| 南(みなみ)アメリカ | Südafrika |

# Lektion 6

| | | |
|---|---|---|
| 一期一会 | いちごいちえ | eine einmalige Gelegenheit im Leben (eine Denkweise bei der Teezeremonie) |
| フクロウ | | Eule |
| 学ぶ | まなぶ | lernen, erwerben, sich aneignen |
| 一生 | いっしょう | das ganze Leben |
| 店員 | てんいん | Verkäufer/in |
| 就職する | しゅうしょくする | eine Stellung antreten |
| 自分では | じぶんでは | selber, selbst |
| ゲーム | | Spiel |
| うがい | | Gurgeln |
| ビタミンC | ビタミンシー | Vitamin C |
| とる　[ビタミンを～] | | [Vitamine] nehmen |
| 遠く | とおく | Ferne |
| 太鼓 | たいこ | Trommel, *Taiko* |
| けいこ | | Übung, Training |
| サケ | | Lachs |
| 着陸する | ちゃくりくする | landen |
| 振る　[手を～] | ふる　[てを～] | [mit der Hand] winken, wedeln |
| タラップ | | Gangway, Laufplanke |
| ようこそ | | Willkommen |
| ビジネスマナー | | Businessetikette, Umgangsformen im Geschäftsleben |
| セミナー | | Seminar |
| 案内 | あんない | Information, Einladung |
| 費用 | ひよう | Kosten |
| 交渉する | こうしょうする | verhandeln |
| 条件 | じょうけん | Bedingung, Voraussetzung |
| 制度 | せいど | System |

|  |  |  |
|---|---|---|
| メンタルトレーニング | | mentales Training |
| 取り入れる | とりいれる | aufnehmen, einführen |
| ビジネス | | Business, Geschäft |
| レベル | | Niveau |
| 週 | しゅう | Woche |
| 全額 | ぜんがく | Gesamtbetrag |
| 半額 | はんがく | halber Betrag, halber Preis |
| 出す［費用を～］ | だす［ひようを～］ | [Kosten] bezahlen |
| それでは | | wenn das so ist, wenn das der Fall ist |
| 期間 | きかん | Zeitraum, Zeitdauer |
| 日時 | にちじ | Zeit, Tag und Uhrzeit |
| 授業料 | じゅぎょうりょう | Unterrichtsgebühren |
| ～料 | ～りょう | ～ gebühren |
| 日にち | ひにち | Zeit, Datum |
| 担当者 | たんとうしゃ | Verantwortliche/r, Zuständige/r |
| 延期する | えんきする | verschieben, verlegen |
| 買い換える | かいかえる | etw. durch Neukauf ersetzen |
| 講演会 | こうえんかい | Vortragsveranstaltung |
| ～会［講演～］ | ～かい［こうえん～］ | ～ veranstaltung, ～ treffen [Vortragsveranstaltung] |
| 上司 | じょうし | Vorgesetzte/r |
| つかむ | | greifen, ergreifen |
| そのような | | so ein/e, solch ein/e |
| 想像する | そうぞうする | sich etw. vorstellen |
| イメージする | | sich etw. vorstellen |
| 具体的［な］ | ぐたいてき［な］ | konkret |
| 理想 | りそう | Ideal |
| 近づく | ちかづく | sich nähern |
| こそあど | | ko/so/a/do-Demonstrativa |
| 指す | さす | auf etw. zeigen, auf etw. hinweisen |
| 記者会見 | きしゃかいけん | Presseinterview, Pressekonferenz |

| | | |
|---|---|---|
| 記者 | きしゃ | Journalist/in |
| 会見 | かいけん | Interview, Treffen |
| ～ごっこ | | ～ spiel |
| キャベツ | | Weißkohl |
| 暗い[気持ちが～] | くらい[きもちが～] | [die Stimmung ist] finster, traurig sein |
| 世の中 | よのなか | die Welt, das Leben |
| アホ | | Idiot, Dummkopf |
| 見える[アホに～] | みえる | [dumm] aussehen, einem [dumm] vorkommen |
| ビジネスマン | | Geschäftsmann |
| 同じような | おなじような | ähnlich |
| 閉じる | とじる | schließen |
| トレーニング | | Training |
| つまり | | nämlich, kurzum, mit anderen Worten |
| 過去 | かこ | Vergangenheit |
| 向き合う | むきあう | sich gegenüberstehen, sich gegenüberstellen |
| そうすれば | | wenn man das tut, wenn das passiert |
| 現在 | げんざい | Gegenwart, Jetzt |
| そこから | | von dort aus |
| 解決する | かいけつする | lösen |
| プラン | | Plan |
| 立てる[プランを～] | たてる | [einen Plan] aufstellen |
| 順番 | じゅんばん | Reihenfolge |

| | |
|---|---|
| いやあ、……。 | Nicht doch …. |
| 今ちょっとよろしいでしょうか。 | Hätten Sie gerade kurz Zeit? |
| 実は～のことなんですが、……。 | Und zwar geht es um ～, …. |

> Ausdruck, mit dem man bei Verhandlungen oder Bitten erst einmal das bezeichnet, worüber man sprechen möchte. Ankündigung im Sinne von: „Im Vertrauen gesagt, In Wahrheit".

| | |
|---|---|
| ふうん。 | Hmm. |

もし〜が無理なら、……。　　　　　　　Wenn ～ unmöglich ist, ... .

> Man zeigt einen Alternativplan auf und verhandelt, damit man eine Erlaubnis bekommt, auch wenn man etwas nachgibt.

---

「ちょうちょ」　　　„Schmetterling"：Kinderlied

スバル　　　　　　Plejaden：Sternhaufen im Sternbild Stier, von dem man sechs Sterne mit bloßen Augen sehen kann

日本留学試験　　　Examination for Japanese University Admission for International Students (EJU)：Prüfung, die die Japanischkenntnisse und das Basiswissen ausländischer Studierender bewertet, die an einer jap. Universität studieren möchten

羽田空港　　　　　Flughafen Haneda：Flughafen in der Präfektur Tōkyō

# Lektion 7

| | | |
|---|---|---|
| 出す［料理を～］ | だす［りょうりを～］ | [Essen] servieren |
| 歓迎会 | かんげいかい | Willkommensfeier |
| 招待状 | しょうたいじょう | Einladungsschreiben |
| ラーメン | | *Rāmen* (chinesische Nudelsuppe) |
| 折り紙 | おりがみ | *Origami* (Kunst des Papierfaltens) |
| ピンク | | Pink |
| 送別会 | そうべつかい | Abschiedsfeier |
| 中華レストラン | ちゅうかレストラン | chinesisches Restaurant |
| 留学生会 | りゅうがくせいかい | Verein ausländischer Studierender |
| ～会<br>［留学生～］ | ～かい<br>［りゅうがくせい～］ | ～ verein [Verein ausländischer Studierender] |
| 会長 | かいちょう | Vorsitzende/r |
| 点数 | てんすう | Punktzahl |
| たいした | | wichtig |
| 悪口 | わるぐち | Beschimpfung, üble Nachrede |
| 夫婦 | ふうふ | Ehepaar |
| ～げんか［夫婦～］ | ［ふうふ～］ | ～ streit [Ehekrach] |
| 医学部 | いがくぶ | medizinische Fakultät |
| ～部［医学～］ | ～ぶ［いがく～］ | Fakultät für ～ [medizinische Fakultät] |
| ライオン | | Löwe |
| 喜ぶ | よろこぶ | sich freuen |
| 冗談 | じょうだん | Witz, Scherz |
| ～たち［子ども～］ | ［こども～］ | (Pluralsuffix) [Kinder] |
| お化け | おばけ | Gespenst |
| いじめる | | drangsalieren |
| 感心する | かんしんする | beeindruckt sein |
| 親 | おや | Eltern |
| あらためて | | aufs Neue |
| 一周 | いっしゅう | eine Runde |

|  |  |  |
|---|---|---|
| 〜山 | 〜さん | der Berg 〜 |
| 芝居 | しばい | Theaterstück |
| せりふ | | Rollentext, Text |
| 泣く | なく | weinen |
| アニメ | | Zeichentrickfilm |
| 感動する | かんどうする | ergriffen sein, gerührt sein |
| 講演 | こうえん | Vortrag |
| 譲る | ゆずる | überlassen |
| ツアー | | Tour |
| きつい［スケジュールが〜］ | | [der Zeitplan ist] eng |
| フリーマーケット | | Flohmarkt |
| 遠慮する | えんりょする | sich zurückhalten |
| 表す | あらわす | ausdrücken |
| 失礼 | しつれい | Unhöflichkeit |
| 受ける［誘いを〜］ | うける［さそいを〜］ | [eine Einladung] bekommen |
| 着付け教室 | きつけきょうしつ | Kurs, in dem man lernt, wie man einen Kimono anzieht |
| 待ち合わせる | まちあわせる | sich treffen |
| 空く［時間が〜］ | あく［じかんが〜］ | frei werden [freie Zeit ergibt sich] |
| 交流会 | こうりゅうかい | Verein für Austausch |
| いろんな | | viele verschiedene |
| ゼミ | | Seminar |
| せっかく | | extra, freundlicherweise |
| 今回 | こんかい | dieses Mal |
| 同僚 | どうりょう | Kollege/Kollegin |
| 登山 | とざん | Besteigung, Bergsteigen |
| 紅葉 | こうよう | buntes Herbstlaub |
| 見物 | けんぶつ | Besichtigung |
| 音楽会 | おんがくかい | Konzert |
| まんじゅう | | *Manjū* (mit süßem Bohnenmuß gefüllter gedämpfter Hefekloß) |
| ヘビ | | Schlange |

| | | |
|---|---|---|
| 毛虫 | けむし | (behaarte) Raupe |
| いばる | | prahlen |
| 震える | ふるえる | zittern |
| すると | | dann, darauf |
| おれ | | ich (von Männern gebraucht, stark umgangssprachlich) |
| 〜ぐらい | | zumindest |
| お前 | おまえ | du (von Männern gebraucht, gröber als きみ) |
| 丸い | まるい | rund |
| いや | | nein |
| 震え出す | ふるえだす | anfangen zu zittern |
| 助ける | たすける | helfen |
| 次々に | つぎつぎに | eine/r/s nach der/m anderen |
| 目の前 | めのまえ | vor den Augen, in der Nähe |
| ポツリと | | (in Verbindung mit 言う:) kurz |
| ホームページ | | Homepage |
| 笑い話 | わらいばなし | komische Geschichte |
| 落語 | らくご | *Rakugo* (traditionelle komische Geschichtenerzählung) |

| | |
|---|---|
| 本当ですか。 | Wirklich? |
| ぜひお願いします。 | Ich möchte sehr gerne! (wörtl. Ich bitte Sie unbedingt darum.) |

> Man drückt seine Freude aus und nimmt die Einladung an.

| | |
|---|---|
| せっかく誘っていただいたのに、申し訳ありません。今回は遠慮させてください。 | Es tut mir sehr Leid, wo Sie doch so freundlich waren, mich einzuladen. Diesmal muss ich leider verzichten (wörtl. Bitte lassen Sie mich diesmal verzichten). |

> Man drückt aus, dass man es sehr bedauert, und lehnt die Einladung höflich ab.

| | |
|---|---|
| ……かい？ | (drückt eine Frage mit starkem Zweifel aus, umgangssprachlich) |
| 助けてくれ！ | Helft mir!, Hilfe! |

# Lektion 8

| | | |
|---|---|---|
| 眠る | ねむる | schlafen |
| 黙る | だまる | schweigen |
| 取る［ノートを〜］ | とる | [sich Notizen] machen |
| 盗む | ぬすむ | stehlen |
| 焦げる | こげる | anbrennen, verbrennen |
| 枯れる | かれる | verwelken |
| 平凡［な］ | へいぼん［な］ | gewöhnlich |
| 人生 | じんせい | Leben |
| 免許 | めんきょ | Lizenz |
| 取る［免許を〜］ | とる［めんきょを〜］ | [eine Lizenz] erwerben |
| 退職する | たいしょくする | in den Ruhestand treten |
| もったいない | | zu schade sein |
| 鍋 | なべ | Kochtopf |
| ことば遣い | ことばづかい | Ausdrucksweise |
| 生 | なま | roh |
| 専門的［な］ | せんもんてき［な］ | fachspezifisch |
| 社会勉強 | しゃかいべんきょう | Lernen fürs Leben |
| 高校生 | こうこうせい | Oberschüler/in |
| 迷子 | まいご | verirrtes Kind |
| しま | | Streifen |
| 花柄 | はながら | Blumenmuster |
| チェック | | Karo |
| スカート | | Rock |
| 無地 | むじ | uni, ungemustert |
| 水玉 | みずたま | Punktmuster |
| リュック | | Rucksack |
| 背負う | せおう | auf dem Rücken tragen |
| サービスカウンター | | Servicetheke |
| 姪 | めい | Nichte |

| 特徴 | とくちょう | Besonderheit |
| 身長 | しんちょう | Körpergröße |
| ジーンズ | | Jeans |
| 髪型 | かみがた | Frisur |
| 肩 | かた | Schulter |
| 持ち物 | もちもの | das, was man bei sich hat |
| 水色 | みずいろ | hellblau |
| 折りたたみ | おりたたみ | Falt-/Klapp- |
| 青地 | あおじ | blauer Grund |
| 〜地 | 〜じ | 〜 Grund |
| 持つところ | もつところ | Griff |
| プラスチック | | Plastik |
| 途上国 | とじょうこく | Entwicklungsland |
| 先進国 | せんしんこく | Industriestaat |
| プラス | | positiv |
| マイナス | | negativ |
| 共通 | きょうつう | gemeinsam |
| 関心 | かんしん | Interesse |
| 多様化 | たようか | Diversifikation |
| タイトル | | Titel |
| 反対に | はんたいに | im Gegenteil |
| 前後 | ぜんご | vor und nach |
| 対象 | たいしょう | Gegenstand |
| 少女 | しょうじょ | Mädchen |
| アイディア | | Idee |
| 輝く | かがやく | strahlen |
| 浮力 | ふりょく | Auftrieb |
| 少年 | しょうねん | Junge |
| キノコ雲 | キノコぐも | Atompilz |
| 時に | ときに | manchmal |
| ダメージ | | Schaden |

| | | |
|---|---|---|
| 与える<br>［ダメージを～］ | あたえる | [Schaden] verursachen |
| ひげ | | Bart |
| 伸びる | のびる | wachsen |
| 発展する | はってんする | sich entwickeln |
| ページ | | Seite |
| 魅力 | みりょく | Reiz |
| 豊か［な］ | ゆたか［な］ | reich |
| 受ける<br>［ダメージを～］ | うける | [Schaden] erleiden |
| テーマ | | Thema |
| 述べる | のべる | erläutern |

確か、～たと思います。　　Wenn ich mich recht entsinne, war … .

> Man erinnert sich bei der Beschreibung einer Person oder Sache an ihr Aussehen.

---

| | |
|---|---|
| ナイジェリア | Nigeria |
| トリニダードトバゴ | Trinidad und Tobago |
| インド | Indien |
| ウガンダ | Uganda |

# Lektion 9

| | | |
|---|---|---|
| 決まる | きまる | entschieden werden |
| 済む | すむ | beendet werden |
| 印鑑 | いんかん | Namenssiegel |
| サイン | | Unterschrift |
| 性能 | せいのう | Leistung |
| タイプ | | Modell, Typ |
| 機能 | きのう | Funktion |
| 平日 | へいじつ | Werktag, Wochentag |
| 将棋 | しょうぎ | *Shōgi* (schachähnliches jap. Brettspiel) |
| 自慢する | じまんする | angeben, prahlen |
| 豚肉 | ぶたにく | Schweinefleisch |
| 牛肉 | ぎゅうにく | Rindfleisch |
| バレーボール | | Volleyball |
| 気温 | きおん | (Luft-) Temperatur |
| 降水量 | こうすいりょう | Niederschlagsmenge |
| 月別 | つきべつ | nach Monaten getrennt, monatlich |
| 平均 | へいきん | Durchschnitt |
| 予防注射 | よぼうちゅうしゃ | vorbeugende Impfung |
| 国々 | くにぐに | Länder |
| 都市 | とし | Stadt |
| 入国する | にゅうこくする | einreisen |
| 資源 | しげん | Bodenschätze |
| とれる［米が～］ | ［こめが～］ | geerntet werden [Reis wird geerntet] |
| 大雪 | おおゆき | starker Schneefall, Schneemassen |
| 乾燥する | かんそうする | trocken werden |
| 道路 | どうろ | Straße |
| どんどん | | rapide, schnell |
| 最後 | さいご | Ende |

| | | |
|---|---|---|
| 生きる | いきる | leben |
| 誕生 | たんじょう | Geburt |
| 実現する | じつげんする | in Erfüllung gehen, verwirklicht werden |
| 金メダル | きんメダル | Goldmedaille |
| 金 | きん | Gold |
| メダル | | Medaille |
| バスケットボール | | Basketball |
| 選手 | せんしゅ | Sportler/in, Spieler/in |
| シンプル［な］ | | einfach |
| 書き込み | かきこみ | Eintragung, Schreiben |
| 検索 | けんさく | Suche |
| 例文 | れいぶん | Beispielsatz |
| ジャンプ機能 | ジャンプきのう | „Sprung"-Funktion (Nachschlagen eines Suchergebnisses in einem weiteren Wörterbuch über einen Knopfdruck) |
| ジャンプ | | Sprung |
| 商品 | しょうひん | Ware, Artikel |
| ～社 | ～しゃ | Firma ～ |
| 国語辞書 | こくごじしょ | japanisches Wörterbuch (einsprachig) |
| 和英辞書 | わえいじしょ | japanisch-englisches Wörterbuch |
| 載る［例文が～］ | のる［れいぶんが～］ | in etw. aufgenommen werden [Beispielsätze werden aufgenommen] |
| シルバー | | Silber (Farbe) |
| 付け加える | つけくわえる | hinzufügen |
| 編集する | へんしゅうする | bearbeiten |
| しっかり | | zuverlässig |
| 留守番をする | るすばんをする | das Haus hüten |
| 柄 | がら | Muster |
| 共通語 | きょうつうご | Verkehrssprache |
| 演奏 | えんそう | Musikaufführung |
| 特許 | とっきょ | Patent |
| 倒産 | とうさん | Konkurs, Bankrott |
| 大金持ち | おおがねもち | sehr reicher Mensch, Superreicher |

| | | |
|---|---|---|
| 誇る | ほこる | sich rühmen |
| 表れる | あらわれる | sich zeigen, sichtbar werden |
| 今では | いまでは | jetzt, heute |
| ＴＳＵＮＡＭＩ | ツナミ | Tsunami |
| 影響 | えいきょう | Einfluss, Auswirkung |
| 有名人 | ゆうめいじん | Berühmtheit |
| 録音する | ろくおんする | (Ton) aufnehmen |
| ヒント | | Hinweis |
| 貸し出す | かしだす | verleihen |
| ところが | | jedoch |
| 競争 | きょうそう | Wettkampf, Konkurrenz |
| 性別 | せいべつ | Geschlechtsunterschied |
| 地域 | ちいき | Gegend |
| 関係なく | かんけいなく | unabhängig von |
| 娯楽 | ごらく | Vergnügen, Unterhaltung |
| ［お］年寄り | ［お］としより | alte Dame, alter Herr, Senior/in |
| 仲間 | なかま | Freunde |
| 心 | こころ | Herz |
| 治す | なおす | (eine Krankheit) heilen |
| 単なる | たんなる | nur |
| きっかけ | | Anlass, Gelegenheit |
| 交流協会 | こうりゅうきょうかい | Verein für Austausch |
| 広報誌 | こうほうし | Informationsbroschüre |
| 暮らし | くらし | Leben |
| 役立つ | やくだつ | nützlich sein |
| 参加者 | さんかしゃ | Teilnehmer/in |

| | |
|---|---|
| こうやって | so |
| 〜だけじゃなくて、〜のがいいんですが……。 | Es sollte nicht nur 〜, sondern auch …. |

> Man fügt eine gewünschte Voraussetzung bezüglich dessen, was man kaufen möchte, hinzu.

| | |
|---|---|
| それでしたら、〜（の）がよろしいんじゃないでしょうか。 | Wäre dann nicht 〜 das Richtige? |
| ほとんど変わりませんね。 | Es unterscheidet sich kaum. |
| 〜で、〜はありませんか。 | Haben Sie nicht etwas, das 〜, aber 〜 ? |

> Man fragt nach etwas, das eine gleiche Bedingung erfüllt wie die vom Verkäufer empfohlene Ware, aber von einem anderen Typ (Größe, Farbe etc.) ist.

---

| | |
|---|---|
| ドラえもん | *Doraemon*：Titelfigur eines *Manga*. Umsetzung als Zeichentrickfilm. Übersetzung und Verbreitung auf der ganzen Welt. |
| アインシュタイン | Albert Einstein：deutscher theoretischer Physiker (in Amerika eingebürgert). Nobelpreisträger. 1879-1955. |
| タイム | *Time*：Wöchentlich erscheinendes amerikanisches Nachrichtenmagazin. Wird in 30 Ländern auf der ganzen Welt verlegt. |
| ガンジー | Mohandas Karamchand Gandhi：indischer Politiker/Denker. 1869-1948. |
| 毛沢東（もうたくとう） | Mao Zedong：chinesischer Politiker und Denker. Gründete die Volksrepublik China. 1893-1976. |
| 黒澤 明（くろさわあきら） | Akira Kurosawa：Filmregisseur. Wichtigstes Werk: „Die sieben Samurai". 1910-1998. |
| 井上大佑（いのうえだいすけ） | Daisuke Inoue：Erfinder des Karaoke. 1949-. |
| 8ジューク（エイト） | Eight Juke：Erste Karaokeanlage. 1971 von Daisuke Inoue erfunden. |
| 曲（ま）がるストロー | Flexhalm：Von Takao Sakata nach dem Vorbild der Form eines balgförmigen Abzuges erfunden und patentiert. Er hatte die Idee dazu, als er sah, wie ein Freund im Krankenbett einen geraden Strohhalm benutzte. |
| プルトップリング | Pull-Top-Ring：Ringförmiger Hebel, mit dem man den Verschluss vom Deckel einer Getränkedose abhebt |

# Lektion 10

| | | |
|---|---|---|
| もうける [お金を〜] | [おかねを〜] | [Geld] verdienen |
| 見かける | みかける | erblicken, (flüchtig) sehen |
| 否定する | ひていする | verneinen |
| タイムマシン | | Zeitmaschine |
| 宝くじ | たからくじ | Lotterie, Lotterielos |
| 当たる [宝くじが〜] | あたる [たからくじが〜] | [in der Lotterie] gewinnen |
| ワールドカップ | | Weltmeisterschaft |
| カエル | | Frosch |
| 計画 | けいかく | Planung |
| 実際 | じっさい | Realität |
| めったに | | selten |
| 通じる [電話が〜] | つうじる [でんわが〜] | [mit dem Telefon] eine Verbindung bekommen |
| 時間通りに | じかんどおりに | pünktlich |
| かかる [エンジンが〜] | | anspringen, [der Motor] springt an |
| 鬼 | おに | *Oni*, Dämon, Teufel |
| 怒る | おこる | wütend/zornig werden |
| $CO_2$ | シーオーツー | $CO_2$ |
| 抽選 | ちゅうせん | Lotterie, Losentscheid |
| 一等 | いっとう | erster Preis |
| 投票 | とうひょう | Abstimmung |
| [お]互いに | [お]たがいに | gegenseitig |
| 出す [修理に〜] | だす [しゅうりに〜] | [in Reparatur] geben |
| 聞き返す | ききかえす | rückfragen |
| てっきり | | bestimmt, sicher, ohne Zweifel |
| 倉庫 | そうこ | Lagerhaus |

| | | |
|---|---|---|
| プリンター | | Drucker |
| 入る［電源が〜］ | はいる［でんげんが〜］ | eingeschaltet werden, [der Strom] wird eingeschaltet |
| マニュアル | | Handbuch |
| 親しい | したしい | vertraut, befreundet |
| 驚く | おどろく | überrascht sein |
| 〜代［60〜］ | 〜だい | 〜ger, Jahrzehnt [die Sechziger (als Altersangabe)] |
| 誤解 | ごかい | Missverständnis |
| 記憶 | きおく | Erinnerung |
| 型 | かた | Typ |
| 〜型 | 〜がた | 〜typ |
| 落とし物 | おとしもの | verlorener Gegenstand |
| 転ぶ | ころぶ | hinfallen |
| 奇数 | きすう | ungerade Zahl |
| 偶数 | ぐうすう | gerade Zahl |
| ぼんやりする | | in etw. versunken sein, abwesend sein |
| あわて者 | あわてもの | zerstreuter Mensch, schusseliger Mensch |
| ミス | | Fehler |
| これら | | diese (Plural) |
| ヒューマンエラー | | menschliches Versagen |
| 手術 | しゅじゅつ | Operation |
| 患者 | かんじゃ | Patient/in |
| 心理学者 | しんりがくしゃ | Psychologe/Psychologin |
| おかす［ミスを〜］ | | [einen Fehler] begehen |
| うっかりミス | | Flüchtigkeitsfehler |
| うっかり | | aus Zerstreutheit, aus Versehen |
| こういう | | solche ein(e), solche (vgl. ああいう solche) |
| チェックリスト | | Checkliste |
| 手がかり | てがかり | Stütze, Anhaltspunkt |
| 一方 | いっぽう | andererseits |
| 深く［〜呼吸する］ | ふかく［〜こきゅうする］ | tief [atmen] |

| | | |
|---|---|---|
| 指 | ゆび | Finger |
| 聖人君子 | せいじんくんし | ideale Persönlichkeit, perfekter Mensch |
| うそつき | | Lügner/in |
| または | | oder |
| エラー | | Fehler |
| 困った人 | こまったひと | hoffnungsloser Fall |
| 完成する | かんせいする | vervollständigen |
| つながる　　　　　[出来事に〜] | 　　　　　[できごとに〜] | zu [einem Ereignis] führen |
| 出来事 | できごと | Ereignis |
| 不注意 | ふちゅうい | Unaufmerksamkeit |
| 引き起こす | ひきおこす | hervorrufen, verursachen |

| | |
|---|---|
| どういうことでしょうか。 | Worum geht es denn überhaupt?, Was meinen Sie? |

> Man drückt aus, dass das, was einem vom Gesprächspartner gesagt wurde, etwas Überraschendes ist.

| | |
|---|---|
| そんなはずはありません。 | Das kann nicht sein. |
| てっきり〜と思っていました。 | Ich dachte, dass bestimmt 〜. |

> Man sagt, wovon man bis jetzt überzeugt war, und drückt das Gefühl aus, dass man das, was man gerade erfahren hat, nicht einfach so glauben kann.

| | |
|---|---|
| 気を悪くする | etwas übel nehmen |
| わかってもらえればいいんです。 | Nicht der Rede wert (wörtl. Es ist gut, wenn Sie mich verstehen). |

---

| | |
|---|---|
| ＪＲ | JR (Japan Railways) |
| 沖縄県 (おきなわけん) | Präfektur Okinawa：Südlichste Präfektur Japans. Umfasst, angefangen mit der Hauptinsel Okinawa, die Ryūkyū-Inseln. Sitz der Präfekturverwaltung ist die Stadt Naha. |

| | |
|---|---|
| マザー・テレサ | Mutter Teresa：Albanischstämmige katholische Ordensschwester, die in Indien ein Hilfswerk leitete. 1910-1997. |
| 新宿(しんじゅく) | Shinjuku：Eines der Unterzentren von Tōkyō. Die Stadtverwaltung von Tōkyō zog 1991 hierher. |
| リーズン | James Reason：Englischer Psychologe. *Menschliches Versagen, Managing the risks of organizational accidents.* |

# Lektion 11

| | | |
|---|---|---|
| ますます | | immer mehr |
| 企業 | きぎょう | Unternehmen |
| 今後 | こんご | von jetzt an, in Zukunft |
| 方言 | ほうげん | Dialekt |
| 普及する | ふきゅうする | sich verbreiten |
| 建つ | たつ | errichtet werden, gebaut werden |
| 大家族 | だいかぞく | Großfamilie |
| 大〜［〜家族］ | だい〜［〜かぞく］ | Groß〜［Großfamilie］ |
| パックツアー | | Pauschalreise |
| 個人 | こじん | Individuum, Einzelperson |
| いかにも | | wahrlich, in der Tat |
| 入学式 | にゅうがくしき | Eintrittsfeier an einer Schule oder Universität |
| 派手［な］ | はで［な］ | auffällig, extravagant |
| 元気 | げんき | Energie, Mut |
| 出す［元気を〜］ | だす［げんきを〜］ | [Mut] fassen |
| 広告 | こうこく | Werbung |
| 美容院 | びよういん | Frisiersalon |
| 車いす | くるまいす | Rollstuhl |
| 寄付する［病院に車いすを〜］ | きふする［びょういんにくるまいすを〜］ | [einem Krankenhaus einen Rollstuhl] spenden |
| グレー | | Grau |
| 地味［な］ | じみ［な］ | unauffällig, schlicht |
| 原爆 | げんばく | Atombombe |
| ただ一つ | ただひとつ | der/die/das einzige |
| 恐ろしさ | おそろしさ | Furchtbarkeit |
| ダイナマイト | | Dynamit |
| 自宅 | じたく | eigene/s Wohnung/Haus |
| あわてる | | den Kopf verlieren |
| 落ち着く | おちつく | sich beruhigen |

| | | |
|---|---|---|
| 行動する | こうどうする | handeln |
| のんびりする | | ausspannen, sich entspannen |
| シューズ | | Schuhe |
| つながる | | [am Telefon] eine Verbindung bekommen |
| ［電話が～］ | ［でんわが～］ | |
| 遺跡 | いせき | Ruine, Überreste |
| 発掘 | はっくつ | Ausgrabung |
| これまでに | | bis jetzt |
| 南極 | なんきょく | Südpol |
| 探検 | たんけん | Expedition |
| 世界遺産 | せかいいさん | Welterbe |
| 価値 | かち | Wert |
| やっぱり | | doch, tatsächlich (umgangssprachlich für やはり) |
| 流氷 | りゅうひょう | Treibeis |
| 自由行動 | じゆうこうどう | freie Verfügung |
| 提案する | ていあんする | vorschlagen |
| 軽く | かるく | leicht, etwas [leichte Gymnastik machen] |
| ［～体操する］ | ［～たいそうする］ | |
| 乗り物 | のりもの | Fahrzeug |
| 酔う［乗り物に～］ | よう［のりものに～］ | es wird einem schlecht [im Fahrzeug] |
| コメント | | Kommentar |
| さらに | | außerdem |
| 仮装 | かそう | Verkleidung |
| 染める | そめる | färben |
| 黄金 | おうごん | Gold |
| 伝説 | でんせつ | Legende |
| いくつか | | ein paar |
| 屋根 | やね | Dach |
| 農作物 | のうさくぶつ | Feldfrüchte |
| 金銀 | きんぎん | Gold und Silber, Geld |
| 治める | おさめる | beherrschen |

| 掌 | てのひら | Handfläche |
| --- | --- | --- |
| 後半 | こうはん | zweite Hälfte |
| くぎ | | Nagel |
| 村人 | むらびと | Dorfbewohner/in |
| かける［費用を～］ | ［ひようを～］ | [Ausgaben] aufwenden |
| 向き | むき | Ausrichtung |
| 抵抗 | ていこう | Widerstand |
| ～層 | ～そう | ～ stöckig |
| 蚕 | かいこ | Seidenraupe |
| 火薬 | かやく | Schießpulver |
| 製造する | せいぞうする | herstellen |
| 送る［生活を～］ | おくる［せいかつを～］ | [sein Leben] führen |
| 家内産業 | かないさんぎょう | Heimarbeit |
| 年貢 | ねんぐ | jährlicher Tribut |
| 期待する | きたいする | erwarten |
| 地 | ち | Region |
| 前半 | ぜんはん | erste Hälfte |
| やってくる | | herkommen |
| 住み着く | すみつく | sich niederlassen |
| 一族 | いちぞく | die ganze Sippe |
| ～城 ［帰雲～］ | ～じょう ［かえりくも～］ | Schloss ～ [Schloss Kaerikumo] |
| 城 | しろ | Schloss |
| 掘り当てる | ほりあてる | beim Graben auf etw. stoßen |
| 権力者 | けんりょくしゃ | Machthaber/in, mächtige Person |
| 飢きん | ききん | Hungersnot |
| ～軒 | ～けん | (Zähleinheitssuffix für Gebäude) |
| 数百人 | すうひゃくにん | hunderte von Menschen (vgl. 数十人 dutzende von Menschen, 数千人 tausende von Menschen) |
| 一人残らず | ひとりのこらず | alle, ohne Ausnahme |
| 消える | きえる | verschwinden |

| | | |
|---|---|---|
| 保管する | ほかんする | aufbewahren |
| 兆 | ちょう | Billion |
| 分ける　[いくつかに〜] | わける | [in mehrere Teile] unterteilen |
| 積もる[雪が〜] | つもる[ゆきが〜] | sich anhäufen [Schnee häuft sich an] |
| 気候 | きこう | Klima, Wetter |
| 観光案内 | かんこうあんない | Touristeninformation |
| 観光地 | かんこうち | Touristikregion |

〜っていうのはどうですか。　　Wie wäre es, wenn ... ?

> Drückt eine leichte Empfehlung aus, wenn man auf eine Frage um Rat antwortet und die Wahl dem Fragenden und seiner Stimmung/Absicht überlässt, egal ob er den Rat annimmt oder nicht.

それも悪くないですね。　　Das ist auch nicht schlecht.
それもそうですね。　　Das stimmt auch wieder.
けど、……。　　Aber, ... .
それも悪くないですけど……。　　Das ist auch nicht schlecht, aber ... .

> Nachdem man anerkannt hat, dass die Ansicht des Gesprächspartners auch gut ist, sagt man seine eigene Meinung.

---

ノーベル　　Alfred Bernhard Nobel：Schwedischer Wissenschaftler. Erfand das Dynamit. 1833-1896.

モーツァルト　　Wolfgang Amadeus Mozart：Österreichischer Komponist. Über 600 Werke, unter anderem die Oper „Die Hochzeit des Figaro". 1756-1791.

首里城（しゅりじょう）　　Schloss Shuri：Schloss des ehemaligen Ryūkyū-Königreiches in der Stadt Shuri, Präfektur Okinawa.

雪祭り（ゆきまつり）　　Schneefestival：Festival, das in Sapporo auf Hokkaidō für Touristen veranstaltet wird. Berühmt sind die Schneeskulpturen und die Bäume mit Lichtschmuck.

白川郷（しらかわごう）　　Das Dorf Shirakawa：Bergdorf am Oberlauf des Shōgawa in der Präfektur Gifu. Früher lebten dort Großfamilien gemeinsam in großen Häusern im *Gasshō-zukuri*-Stil.

| | |
|---|---|
| 白神山地 (しらかみさんち) | Das Shirakami-Bergland：Bergland mit dem Berg Shirakami als Zentrum, Grenze zwischen den Präfekturen Aomori und Akita. Hier befindet sich einer der weltgrößten ursprünglichen Buchenwälder. |
| 厳島神社 (いつくしまじんじゃ) | Itsukushima-Schrein：Befindet sich in Miyajima in der Präfektur Hiroshima. Die Haupthalle steht im Meer und ist sehr schön. Reich an historischen Stätten und Nationalschätzen. |
| 屋久島 (やくしま) | Yakushima：Insel, die zu den Ōsumi-Inseln der Präfektur Kagoshima gehört. Es gibt dort Urwälder mit *Yakusugi* (auf Yakushima vorkommende japanische Zedern), die über 1000 Jahre alt sind. |
| 知床 (しれとこ) | Shiretoko：Eine lange, schmale Halbinsel am nordöstlichen Rand von Hokkaidō, die ins Ochotskische Meer ragt. Zerklüftete Küstenlinie. |
| 原爆ドーム (げんばくドーム) | Atombombendom：Ruine eines durch die am 06.08.1945 abgeworfene Atombombe zerstörten Gebäudes. Symbol des Unheils. |
| 合掌造り (がっしょうづくり) | *Gasshō-zukuri*：Eine Form von Bauernhäusern in der Region Hida, die für Großfamilien und für die Seidenraupenzucht gebaut wurden. Den großen Schneemassen entsprechend sind die Dächer sehr steil. |
| 江戸時代 (えどじだい) | Edo-Zeit：Identisch mit der Tokugawa-Zeit. Errichtung der Shōgunatsregierung in Edo (dem heutigen Tōkyō). 1603-1867. |
| 内ヶ嶋為氏 (うちがしまためうじ) | Tameuji Uchigashima：Feldherr der Muromachi-Zeit. Errichtete das Schloss Kaerikumo im Dorf Shirakawa. Geburts- und Todesdaten unbekannt. |
| 帰雲城 (かえりくもじょう) | Schloss Kaerikumo：Um 1464 im Dorf Shirakawa in der Präfektur Gifu von Tameuji Uchigashima errichtet. 1586 durch das schwere Tenshō-Erdbeben zerstört. |
| 織田信長 (おだのぶなが) | Nobunaga Oda：Feldherr der Azuchi-Momoyama-Zeit, die zur Sengoku-Zeit gehört. 1534-1582. |

# Lektion 12

| | | |
|---|---|---|
| 演奏会 | えんそうかい | Konzert |
| 報告書 | ほうこくしょ | Bericht |
| あくび | | Gähnen |
| 犯人 | はんにん | Täter/in, Verbrecher/in |
| 追いかける | おいかける | verfolgen |
| 作業 | さぎょう | Arbeit |
| スープ | | Suppe |
| こぼす | | verschütten |
| シャッター | | Rolladen |
| スプレー | | Spray |
| 落書きする | らくがきする | beschmieren |
| 夜中 | よなか | mitten in der Nacht |
| 日 | ひ | Sonnenlicht |
| 当たる［日が〜］ | あたる［ひが〜］ | [von der Sonne] beschienen werden |
| 暮らす | くらす | leben |
| 書道 | しょどう | Kalligraphie |
| 蛍光灯 | けいこうとう | Neonröhre |
| メニュー | | Menü |
| バイク | | Motorrad |
| 目覚まし時計 | めざましどけい | Wecker |
| 鳴る | なる | klingeln |
| 温暖［な］ | おんだん［な］ | warm |
| 家事 | かじ | Hausarbeit |
| ぐっすり［〜眠る］ | ［〜ねむる］ | tief und fest [schlafen] |
| 迷惑 | めいわく | Unannehmlichkeit, Belästigung |
| かける［迷惑を〜］ | ［めいわくを〜］ | [Unannehmlichkeiten] bereiten |
| 風邪薬 | かぜぐすり | Erkältungsmittel |
| 乗り遅れる | のりおくれる | verpassen |
| 苦情 | くじょう | Beschwerde |

| 遅く | おそく | spät |
| [お] 帰り | [お] かえり | das Nach-Hause-Kommen |
| あまり | | allzu, zu sehr |
| どうしても | | egal wie sehr man sich bemüht |
| 自治会 | じちかい | Selbstverwaltungsrat (Bürgerrat, Schülerrat etc.) |
| 役員 | やくいん | Komiteemitglied |
| ＤＶＤ | ディーブイディー | DVD |
| 座談会 | ざだんかい | Gesprächsrunde |
| カルチャーショック | | Kulturschock |
| 受ける [ショックを〜] | うける | [einen Schock] bekommen |
| それまで | | bis dahin |
| 騒々しい | そうぞうしい | laut, ohrenbetäubend |
| アナウンス | | Durchsage |
| 分かれる [意見が〜] | わかれる [いけんが〜] | auseinander gehen [die Meinungen gehen auseinander] |
| 奥様 | おくさま | (verheiratete) Dame |
| おいでいただく | | mit einem Besuch beehrt werden |
| 苦労 | くろう | Kummer |
| 中略 | ちゅうりゃく | Auslassung |
| おかしな | | komisch, seltsam |
| サンダル | | Sandale |
| ピーピー | | (lautmalerisch für:) pfeifen |
| たまらない | | nicht aushalten können |
| 都会 | とかい | Großstadt |
| 住宅地 | じゅうたくち | Wohngebiet |
| 虫 | むし | Insekt |
| 虫の音 | むしのね | Zirpen der Insekten |
| 車内 | しゃない | Wageninneres, im Wagen |
| ホーム | | Bahnsteig |
| 加える | くわえる | hinzufügen |

| | | |
|---|---|---|
| さっぱり［～ない］ | | überhaupt nicht (in Verbindung mit Negation) |
| 乗客 | じょうきゃく | Fahrgast, Passagier |
| 安全性 | あんぜんせい | Sicherheit |
| 配慮する | はいりょする | sich um etw. kümmern |
| 含む | ふくむ | enthalten |
| チャイム | | Läuten |
| 発車ベル | はっしゃベル | Abfahrtsignal |
| 必ずしも［～ない］ | かならずしも | nicht immer (in Verbindung mit Negation) |
| 近所づきあい | きんじょづきあい | Kontakt mit der Nachbarschaft |
| コマーシャル | | Werbung |

| | |
|---|---|
| 気がつきませんでした。 | Ich habe es nicht bemerkt. |
| どうしても…… | Egal wie sehr man sich bemüht ... |

> Man teilt mit, dass man, nachdem man alle möglichen Umstände hinlänglich geprüft hat, zu dem Urteil gekommen ist, dass man etwas für unmöglich hält.

| | |
|---|---|
| それはわかりますけど、…… | Das verstehe ich, aber ... |

> Man drückt das Empfinden aus, dass man den Standpunkt des Gesprächspartners versteht, aber (durch dessen Verhalten) doch Probleme bekommt.

| | |
|---|---|
| どちらかと言えば…… | eher ... |
| いい勉強になる | sehr lehrreich sein |

..........................................................................

| | |
|---|---|
| ハンガリー | Ungarn |
| ブダペスト | Budapest |
| バンコク | Bangkok |
| 宇都宮 | Utsunomiya：Stadt im Zentrum der Präfektur Tochigi. Präfekturhauptstadt. |
| 浦安 | Urayasu：Stadt an der Tōkyōbucht im Nordwesten der Präfektur Chiba. Trabantenstadt von Tōkyō. Das „Tokyo Disneyland" befindet sich hier. |

# Teil II
# Grammatikalische Erklärungen

# Lektion 1

### 1. ～てもらえませんか・～ていただけませんか
### ～てもらえないでしょうか・～ていただけないでしょうか

V て -Form + { もらえませんか／いただけませんか
　　　　　　　もらえないでしょうか／いただけないでしょうか

～てもらえませんか und ～ていただけませんか benutzt man, wenn man den Gesprächspartner auf höfliche und freundliche Weise bittet, etwas zu tun.

① ちょっとペンを貸してもらえませんか。
　　Können Sie mir bitte kurz eine Stift leihen?
② コピー機の使い方を教えていただけませんか。
　　Könnten Sie mir bitte zeigen, wie man den Kopierer benutzt?

vgl. 「～ていただけませんか（höfliche Formulierung einer Bitte）」：
　　いい先生を紹介していただけませんか。　　　　　　　（☞『みんなの日本語初級Ⅱ』L.26）

～てもらえないでしょうか und ～ていただけないでしょうか sind Ausdrücke, die einen noch höflicheren und sanfteren Eindruck als ～てもらえませんか und ～ていただけませんか hinterlassen.

③ すみません、子どもが寝ているので、もう少し静かにしてもらえないでしょうか。
　　Entschuldigung. Die Kinder schlafen, könnten Sie deshalb vielleicht ein bisschen leiser sein?
④ 申し訳ございませんが、子どもを預っていただけないでしょうか。
　　Entschuldigung, aber könnten Sie vielleicht auf unsere Kinder aufpassen?

### 2. ～のようだ・～のような～・～のように…
### (Vergleich/Veranschaulichung durch ein Beispiel)

Nの + { ようだ
　　　　ような N
　　　　ように V ／い A ／な A

$N_1$ は $N_2$ のようだ wird benutzt, wenn man die Eigenschaften von $N_1$ zeigt, indem man $N_1$ mit einem anderen Gegenstand $N_2$ vergleicht (Vergleich).

① あの病院はホテルのようだ。　　Das Krankenhaus dort drüben ist wie ein Hotel.
② このお酒はジュースのようだ。　　Dieser Drink ist wie Saft.

Der Ausdruck kann auch in der Form N₂ のような N₁ ein Nomen näher bestimmen.

③ 田中さんはホテルのような病院に入院している。

Herr/Frau Tanaka liegt in einem Krankenhaus, das wie ein Hotel ist.

④ わたしはジュースのようなお酒しか飲まない。

Ich trinke nur Drinks, die wie Saft schmecken (wörtl. die wie Saft sind).

Des Weiteren kann man den Ausdruck in der Form N₁ は N₂のように vor einem Verb oder Adjektiv benutzen.

⑤ 田中さんが入院している病院はホテルのようにきれいだ。

Das Krankenhaus, in dem Herr/Frau Tanaka liegt, ist so schön wie ein Hotel.

⑥ このお酒はジュースのように甘い。　Dieser Drink ist so süß wie Saft.

N₂ のような N₁ verwendet man, wenn man die Eigenschaften von N₁ ausdrückt, indem man N₂ als Beispiel nennt (Veranschaulichung durch ein Beispiel).

⑦ 夫は、カレーのような簡単な料理しか作れません。

Mein Mann kann nur einfache Gerichte wie Curry zubereiten.

⑧ 「アポ」のような外来語は、外国人にはとても難しい。

Fremdwörter wie „*Apo*" sind für Ausländer sehr schwierig.

vgl. 「…ようだ（Beurteilung aus einer Situation heraus）」：
人が大勢集まっていますね。
…事故のようですね。パトカーと救急車が来ていますよ。

（☞『みんなの日本語初級Ⅱ』L.47）

## 3. ～ことは／が／を

**V Wörterbuchform ＋ こと ＋ は／が／を**

Mit ～こと wird das Verb nominalisiert.

① 朝早く起きることは健康にいい。

Morgens früh aufzustehen, ist gut für die Gesundheit.

② 田中さんは踊ることが好きです。　Herr/Frau Tanaka mag es zu tanzen.

③ 優勝することを目指しています。　Wir streben danach, die Meisterschaft zu erringen.

vgl. 「V Wörterbuchform ＋ ことができます／ことです」：
わたしはピアノを弾くことができます。
わたしの趣味は映画を見ることです。

（☞『みんなの日本語初級Ⅰ』L.18）

## 4. ～を～と言う

**N₁ を N₂ と言う**

Ausdruck, der die Bezeichnung (N₂) eines Gegenstandes oder einer Sache (N₁) zeigt.

① １月１日を元日と言います。

　　Man nennt den 1. 1. „*Ganjitsu* (Neujahrstag)".

② 正月に神社やお寺に行くことを初詣でと言う。

　　Zu Neujahr zum Shintō-Schrein oder zum Tempel zu gehen, nennt man „*Hatsumōde* (erster Tempel- od. Schreinbesuch zu Neujahr)".

## 5. ～という～

**N₁ という N₂**

Ausdruck, der verwendet wird, wenn man einen Gegenstand oder eine Person (N₁), der/die dem Gesprächspartner unbekannt sein könnte, ins Gespräch bringt. N₁ ist ein Eigenname wie ein Personenname und N₂ ein Gattungswort.

① 夏目漱石という小説家を知っていますか。

　　Kennen Sie den Schriftsteller Sōseki Natsume (wörtl. Kennen Sie einen Schriftsteller namens Sōseki Natsume)?

② 昨日、「スター・ウォーズ」という映画を見ました。

　　Ich habe gestern einen Film gesehen, der „Krieg der Sterne (Star Wars)" heißt.

## 6. いつ／どこ／何／だれ／どんなに～ても

```
V て -Form
いA  －い → くて  ⎫
なA         ⎬ ＋ で  ⎬ ＋ も
N          ⎭
```

Diese Konstruktion drückt aus: „in jedem Fall/bei jeder Gelegenheit". Nach Wörtern wie いつ, どこ, 何, だれ und どんなに verwendet man die Form ても.

① 世界中どこにいても家族のことを忘れません。

　　Egal wo auf der Welt ich mich befinde, ich vergesse meine Familie nicht.

② 何度聞いても同じことしか教えてくれない。

　　Egal wie oft ich frage, mir wird nur das Gleiche gesagt.

③ だれが何と言っても考えを変えません。

　　Egal wer etwas sagt und was er sagt, ich ändere meine Meinung nicht.

④　どんなに高くても買いたいです。

　　　Egal wie teuer es ist, ich möchte es kaufen.

Im Falle von einem Nomen wird es zu どんな N でも, どの N でも und どんなに～N でも.

⑤　どんな人でも優しい心を持っているはずだ。

　　　Man sollte davon ausgehen, dass jeder ein gutmütiges Herz hat.

⑥　正月になると、どの神社でも人がいっぱいだ。

　　　Wenn Neujahr kommt, ist jeder Shintō-Schrein voll mit Menschen.

⑦　どんなに丈夫なかばんでも長く使えば、壊れてしまうこともある。

　　　Egal wie stabil die Tasche ist, es kommt auch vor, dass sie kaputt geht, wenn man sie lange benutzt.

vgl. 「～ても (adversative Satzverbindung)」：いくら考えても、わかりません。

(☞『みんなの日本語初級Ⅰ』L.25)

## 話す・聞く

### ～じゃなくて、～

Bei N₁ じゃなくて、N₂ wird N₁ verneint und stattdessen auf N₂ verwiesen.

①　これはペンじゃなくて、チョコレートです。食べられますよ。

　　　Das hier ist kein Stift, sondern Schokolade. Man kann es essen.

②　京都ではお寺を見ましょうか。

　　　…お寺じゃなくて、若い人が行くようなにぎやかなところに行きたいです。

　　　Sollen wir in Kyōto einen Tempel anschauen?

　　　　Ich möchte nicht zu einem Tempel, sondern lieber zu einem belebten Ort gehen, wo junge Leute hingehen (wörtl. zu einem belebten Ort gehen, wie ihn junge Leute besuchen).

## 読む・書く

### …のだ・…のではない

| V | einfache Form | | |
|---|---|---|---|
| いA | einfache Form | + | のだ |
| なA | einfache Form | | のではない |
| N | －だ → な | | |

…のです wird manchmal wie folgt verwendet, wenn man eine Folge, die aus einem Grund entstanden ist, oder eine auf einer Grundlage beruhende Beurteilung zum Ausdruck bringt.

**1**

① 3時の飛行機に乗らなければなりません。それで、わたしは急いでいるのです。
　　（Grund／Begründung）　　　　　（だから／それで）　（Folge／Beurteilung）

　　Ich muss den Flieger um 3 Uhr nehmen. Daher beeile ich mich.

② 彼は日本に留学します。それで日本語を勉強しているのです。

　　Er geht nach Japan, um zu studieren. Daher lernt er Japanisch.

…のではない wird benutzt, wenn man eine Stelle außer dem Satzende (Prädikat) verneinen möchte. Z.B. wird bei ③ der Teil „一人で" verneint.

③ このレポートは一人で書いたのではありません。

　　Diese Hausarbeit habe ich nicht alleine geschrieben.

　*vgl.*　×このレポートは一人で書きませんでした。

**何人も、何回も、何枚も…**

何 + Zähleinheitssuffix（人 Person、回 Mal、枚 Blatt…）＋ も drückt aus, dass die Menge von etwas groß ist.

① マンションの前にパトカーが何台も止まっています。

　　Vor dem Apartmenthaus stehen eine Menge Streifenwagen.

# Lektion 2

**1. (1)(2) 〜たら、〜た**

Ｖたら、{Ｖ・Ａ}た

（1）Ｘたら、Ｙた drückt aus, dass Y infolge der Handlung X zustande gekommen ist.

① 薬を飲んだら、元気になりました。

　　Nachdem ich die Medizin genommen hatte, ging es mir besser.

② カーテンを変えたら、部屋が明るくなった。

　　Nachdem wir den Vorhang gewechselt haben, ist das Zimmer heller geworden.

（2）Wie die nächsten Beispiele zeigen, gibt es auch Fälle, in denen die Satzstruktur die Bedeutung hat, dass man infolge der Handlung X die Tatsache Y entdeckt hat.

③ 家に帰ったら、猫がいなかった。

　　Als ich nach Hause gekommen bin, war meine Katze nicht da.

④ かばんを開けたら、財布がなくなっていた。

　　Als ich die Tasche öffnete, war mein Portmonee weg.

⑤ 50年前の古いお酒を飲んでみたら、おいしかった。

　　Als ich einen 50 Jahre alten Sake getrunken habe, hat er mir geschmeckt.

Mit Ｘと、Ｙた kann man auch die Bedeutung von (1) und (2) ausdrücken.

⑥ 薬を飲むと、元気になりました。

　　Nachdem ich die Medizin genommen hatte, ging es mir besser.

⑦ 家に帰ると、猫がいなかった。

　　Als ich nach Hause gekommen bin, war meine Katze nicht da.

vgl. 「〜たら（Annahme）」：お金があったら、旅行します。

　　　「〜たら（Abschluss）」：10時になったら、出かけましょう。

(☞『みんなの日本語初級Ⅰ』L.25)

**2. 〜というのは〜のことだ・〜というのは…ということだ**

Ｎというのは { Ｎの / Satz（einfache Form）という } ＋ことだ

ＸというのはＮのことだ und Ｘというのは…ということだ sind Formulierungen, mit denen man die Bedeutung eines bestimmten Wortes (X) erklärt.

① 3Kというのは汚い、きつい、危険な仕事のことだ。

　　3K bedeutet eine dreckige, harte und gefährliche Arbeit.

② PCというのはパソコンのことです。　　PC bedeutet Personal Computer.

③ 禁煙というのはたばこを吸ってはいけないということです。

   *Kin'en* (Rauchverbot) bedeutet, dass man nicht rauchen darf.

④ 駐車違反というのは車を止めてはいけない場所に車を止めたということです。

   *Chūshaihan* (Falschparken) bedeutet, dass man sein Auto an einem Ort geparkt hat, wo man nicht parken darf.

## 3. ...という～

**Satz（einfache Form）＋ という N（Nomina, die Äußerungen oder Gedanken ausdrücken）**

Wenn man den Inhalt von Nomina, die Äußerungen oder Gedanken ausdrücken, wie z.B. 話 (Geschichte), うわさ (Gerücht), 考え (Gedanke), 意見 (Meinung), 意志 (Wille), 批判 (Kritik) oder ニュース (Nachricht), anzeigt, benutzt man die Form …という～.

① 昔ここは海だったという話を知っていますか。

   Kennen Sie die Geschichte, dass hier früher ein Meer war?

② 田中さんがもうすぐ会社を辞めるといううわさを聞きました。

   Ich habe das Gerücht gehört, dass Herr/Frau Tanaka bald in der Firma kündigt.

③ カリナさんは、研究室は禁煙にしたほうがいいという意見を持っている。

   Carina ist der Meinung, dass man im Seminarraum besser das Rauchen verbieten sollte.

## 4. ...ように言う／注意する／伝える／頼む

**V Wörterbuchform**
**V ない-Form　ーない** ｝ ように ＋ V（言う、注意する、伝える、頼む）
　　　　　　　　　　　　　　（sagen, ermahnen, mitteilen, bitten）

Diese Satzstruktur wird benutzt, um den Inhalt einer Anweisung oder einer Bitte indirekt zu zitieren. Wenn man den Inhalt einer Anweisung oder einer Bitte direkt zitiert, wird es mit ～なさい, ～てはいけません oder ～てください ausgedrückt.

① 学生に図書館で物を食べないように注意しました。

   Ich habe die Studenten ermahnt, in der Bibliothek nicht zu essen.

   → 学生に「図書館で物を食べてはいけません」と注意しました。

   Ich habe die Studenten ermahnt: „Sie dürfen in der Bibliothek nicht essen."

② この仕事を今日中にやるように頼まれました。

   Ich wurde gebeten, diese Arbeit noch heute zu machen.

   → 「この仕事を今日中にやってください」と頼まれました。

   Ich wurde gebeten: „Machen Sie bitte diese Arbeit noch heute!"

③ 子どもたちに早く寝るように言いました。

  Ich habe den Kindern gesagt, dass sie früh ins Bett gehen sollen.

 → 子どもたちに「早く寝なさい」と言いました。

   Ich habe den Kindern gesagt: „Geht früh ins Bett!"

~なさい ist ein Ausdruck für Anweisungen und Befehle. Er wird nur in bestimmten Fällen benutzt, z.B. wenn Eltern ihren Kindern etwas sagen. Auch für Anweisungen in Prüfungen wird er verwendet.

## 5. ~みたいだ・~みたいな~・~みたいに… (Vergleich/Veranschaulichung durch ein Beispiel)

N { みたいだ / みたいな N / みたいに V ／いA／なA

Es gibt keinen Bedeutungsunterschied zwischen ~ようだ und ~みたいだ, aber ~みたいだ wird im lockereren Stil verwendet.

① わあ、このお酒、ジュースみたいだね。 Oh, dieser Drink ist wie Saft, nicht?
② わたしはジュースみたいなお酒しか飲まない。 Ich trinke nur Drinks, die wie Saft sind.
③ このお酒はジュースみたいに甘いよ。 Dieser Drink ist süß wie Saft.
④ 夫は、カレーみたいな簡単な料理しか作れません。

 Mein Mann kann nur einfache Gerichte wie Curry zubereiten.

vgl. 「~のようだ・~のような~・~のように…」：

  あの病院はホテルのようだ。     （☞『みんなの日本語中級Ⅰ』L.1）

## 話す・聞く

### ~ところ

~ところ hat die Bedeutung von ~とき, aber es wird nur bei bestimmten Ausdrücken wie z.B. お忙しいところ (Wo Sie gerade viel zu tun haben), お休みのところ (Wo Sie gerade frei haben), お急ぎのところ (Wo Sie gerade in Eile sind) und お疲れのところ (Sie sind sicher erschöpft, aber...) benutzt. Der Ausdruck wird verwendet, wenn man jemanden um etwas bittet oder sich bei jemandem bedankt.

① お忙しいところ、すみません。ちょっとお願いがあるんですが。

 Entschuldigen Sie, ich weiß, Sie sind momentan sehr beschäftigt, aber ich hätte eine Bitte.

② お休みのところ、手伝ってくださって、ありがとうございました。

 Vielen Dank, dass Sie mir geholfen haben, obwohl Sie (eigentlich) frei hatten.

# Lektion 3

## 1. ～（さ）せてもらえませんか・～（さ）せていただけませんか
## ～（さ）せてもらえないでしょうか・～（さ）せていただけないでしょうか

V（さ）せて ＋ { もらえませんか／いただけませんか
もらえないでしょうか／いただけないでしょうか

Mit dieser Satzstruktur bittet der Sprecher den Gesprächspartner um Erlaubnis, etwas (V) zu tun.

① すみません。このパンフレットをコピーさせてもらえませんか。

　　Entschuldigung. Dürfte ich diese Broschüre kopieren? (wörtl. Kann ich nicht die Erlaubnis bekommen, diese Broschüre zu kopieren?)

② 月曜日の店長会議で報告させていただけませんか。

　　Dürfte ich bei der Sitzung der Filialleiter am Montag berichten? (wörtl. Könnte ich nicht die Erlaubnis bekommen, bei der Sitzung der Filialleiter am Montag zu berichten?)

③ 一度、工場を見学させていただけないでしょうか。

　　Dürfte ich vielleicht einmal die Fabrik besichtigen? (wörtl. Könnte ich nicht vielleicht die Erlaubnis bekommen, einmal die Fabrik zu besichtigen?)

～させていただけませんか ist höflicher als ～させてもらえませんか. ～させていただけないでしょうか ist noch höflicher als ～させていただけませんか.

vgl. 「～させていただけませんか（höfliche Formulierung einer Bitte）」：
　　しばらくここに車を止めさせていただけませんか。　　（☞『みんなの日本語初級Ⅱ』L.48）

## 2.（1） …ことにする

V Wörterbuchform
V ない-Form　ーない } ＋ ことにする

Mit V する und V しないことにする drückt man aus, dass man sich dafür entscheidet, die durch das Verb ausgedrückte Handlung durchzuführen bzw. nicht durchzuführen.

① 来年結婚することにしました。　Ich habe mich entschieden, nächstes Jahr zu heiraten.
② 今晩は外で食事をすることにしよう。　Heute Abend werde ich auswärts essen.

## 2.（2） …ことにしている

V Wörterbuchform
V ない-Form　ーない } ＋ ことにしている

Vする／Vしないことにしている drückt Gewohnheiten aus, die man zu einem früheren Zeitpunkt bestimmt hat und weiter beibehält.

① 毎週日曜日の夜は外で食事をすることにしている。

　　Ich habe es mir zur Gewohnheit gemacht, jeden Sonntagabend auswärts zu essen.

② ダイエットしているので、お菓子を食べないことにしている。

　　Weil ich eine Diät mache, esse ich (grundsätzlich) keine Süßigkeiten.

## 3. (1) …ことになる

**V Wörterbuchform**
**V ない -Form　−ない**　｝＋ ことになる

Vする／Vしないことになる drückt aus, dass entschieden wird, die durch das Verb ausgedrückte Handlung durchzuführen bzw. nicht durchzuführen. ことにする drückt etwas aus, was man selbst entschieden hat, wohingegen ことになる etwas ausdrückt, was nicht aus eigenem Willen entschieden wurde.

① 来月アメリカへ出張することになりました。

　　Es hat sich so ergeben, dass ich nächsten Monat eine Geschäftsreise nach Amerika mache.

② 中国へは田中さんが行くことになるでしょう。

　　Es wird sich wohl so ergeben, dass nach China Herr/Frau Tanaka fährt.

Jedoch kommt es manchmal auch vor, dass man ことになる benutzt, um die eigene Absicht nicht in den Vordergrund zu stellen, auch wenn es sich um die eigene Entscheidung handelt.

③ 部長、実は、今年の秋に結婚することになりました。結婚式に出席していただけないでしょうか。

　　Herr/Frau Abteilungsleiter/in, um ehrlich zu sein, hat es sich ergeben, dass ich dieses Jahr im Herbst heirate. Könnten Sie bitte an unserer Hochzeitszeremonie teilnehmen?

## 3. (2) …ことになっている

**V Wörterbuchform**
**V ない -Form　−ない**　｝＋ ことになっている

Vする／Vしないことになっている drückt etwas aus, was als Plan oder Regel festgelegt ist.

① あしたの朝9時から試験を行うことになっています。

　　Es ist vorgesehen, dass wir morgen ab 9 Uhr die Prüfung abhalten.

② うちでは夜9時以降はテレビをつけないことになっている。

　　Bei uns zu Hause ist es vorgeschrieben/so geregelt, nach 9 Uhr abends den Fernseher nicht einzuschalten.

## 4. ～てほしい・～ないでほしい

```
V て -Form          ┐
                    ├ ＋ ほしい
V ない -Form  －ないで ┘
```

(1) Mit N に V てほしい drückt man aus, dass man sich wünscht, dass N (eine andere Person) die durch V ausgedrückte Handlung durchführt.

① わたしは息子に優しい人になってほしいです。

Ich möchte, dass mein Sohn ein netter Mensch wird.

Wenn klar ist, wer N ist, wird N に weggelassen.

② このごろ自転車を利用する人が多いが、規則を守って乗ってほしい。

In letzter Zeit gibt es viele Menschen, die Fahrräder nutzen, aber ich möchte, dass sie beim Fahren die Vorschriften einhalten.

Wenn man sich wünscht, dass V nicht durchgeführt wird, wird dies mit der Verneinung V ないでほしい ausgedrückt.

③ こんなところにごみを捨てないでほしい。

Ich möchte nicht, dass man an so einem Ort Müll wegwirft.

Wenn man diese Satzstruktur in Bezug auf eine Handlung des Gesprächspartners verwendet, wird sie zu einer Bitte oder einer Anweisung, aber wenn man sie einfach so benutzt, wirkt sie zu direkt. Deswegen wird sie sehr oft zusammen mit のですが／んですが o.Ä. benutzt.

④ すみません、ちょっと手伝ってほしいんですが。

Entschuldigung, ich hätte gerne, dass Sie mir kurz helfen.

(2) Man kann diese Satzstruktur auch in Bezug auf andere Sachverhalte als Handlungen einer Person verwenden. In diesem Fall benutzt man nicht N に, sondern N が.

⑤ 早く春が来てほしい。　Ich möchte, dass der Frühling schnell kommt.

⑥ あしたは雨が降らないでほしい。　Ich möchte, dass es morgen nicht regnet.


## 5. (1) ～そうな～・～そうに…

```
V ます -Form ┐       ┌ そうな N
いA －い     ├ ＋    │
なA         ┘       └ そうに V
```

Die Bedeutung von V ます -Form そうだ unterscheidet sich von der von A そうだ. Mit V そうだ drückt man die Vermutung, dass V sehr wahrscheinlich passieren wird, oder Anzeichen, dass V passieren wird, aus.

① ミラーさん、シャツのボタンが取れそうですよ。
　　Herr Miller, der Knopf Ihres Hemdes ist fast ab.
② 雨が降りそうなときは、洗濯しません。
　　Wenn es nach Regen aussieht, wasche ich keine Wäsche.

Mit A そうだ drückt man aus, dass die äußere Erscheinung nach „A" aussieht.

③ ワンさんの隣にいる学生はまじめそうですね。
　　Der/die Student/in neben Herrn Wang sieht ernsthaft aus.
④ このケーキはおいしそうですね。
　　Dieser Kuchen sieht lecker aus, nicht wahr?
⑤ 子どもたちが楽しそうに遊んでいます。
　　Die Kinder spielen fröhlich.

Wenn V そうだ zum Ausdruck eines Anzeichens oder einer Vermutung und A そうだ zum Ausdruck der äußeren Erscheinung ein Nomen näher bestimmen, nehmen sie die Form そうな N an. Bestimmen sie ein Verb näher, nehmen sie die Form そうに V an.

⑥ 雨が降りそうなときは、洗濯しません。
　　Wenn es nach Regen aussieht, wasche ich keine Wäsche.
⑦ おいしそうなケーキがありますね。
　　Da ist ein lecker aussehender Kuchen, nicht wahr?
⑧ 子どもたちが楽しそうに遊んでいます。
　　Die Kinder spielen fröhlich.

vgl. 「〜そうだ（Vermutung/Aussehen）」：
　　今にも雨が降りそうです。
　　この料理は辛そうです。
　　ミラーさんはうれしそうです。

（☞『みんなの日本語初級Ⅱ』L.43）

## 5.（2）〜なさそう

いA　　ーい → く
なA　　ーだ → では　　＋ なさそう
N　　　　　　（じゃ）

Dies ist die Verneinung von A そうだ. Es bedeutet, dass die äußere Erscheinung von etwas so aussieht/wirkt, als wäre es nicht „A".

① あの映画はあまりおもしろくなさそうですね。
　　Dieser Film sieht nicht so interessant aus.

② この機械はそんなに複雑じゃ（では）なさそうです。

Diese Maschine sieht so aus, als wäre sie nicht so kompliziert.

③ 彼は学生ではなさそうです。　Er sieht so aus, als wäre er kein Student.

## 5．(3) ～そうもない

**V ます -Form ＋ そうもない**

Dies ist die Verneinung von V そうだ und drückt die Vermutung aus, dass V nicht stattfinden wird.

① 今日は仕事がたくさんあるので、5時に帰れそうもありません。

Weil es heute viel Arbeit gibt, sieht es so aus, als ob ich nicht um 5 Uhr nach Hause kann (wörtl. sieht es nicht so aus, als könnte ich um 5 nach Hause).

② この雨はまだやみそうもないですね。

Dieser Regen scheint noch nicht aufzuhören (wörtl. Es sieht noch nicht so aus, als würde dieser Regen aufhören).

## 話す・聞く

### ～たあと、…

**V たあと、…**

V たあと、… drückt aus, dass der durch … ausgedrückte Zustand oder Sachverhalt nach „V" folgt.

① じゃ、来週の月曜日会議が終わった｛あと／あとで｝、お会いしましょうか。

Also dann, sollen wir uns nächsten Montag treffen, nachdem die Sitzung vorbei ist?

Wenn いる oder ある bei … stehen, wird es schwierig, あとで zu benutzen.

② 日曜日は朝食を食べた｛○あと／×あとで｝、どこへも行かず家でテレビを見ていました。

Nachdem ich am Sonntag gefrühstückt hatte, bin ich nirgendwohin gegangen, sondern habe zu Hause Fernsehen geguckt.

③ 授業が終わった｛○あと／×あとで｝、学生が2、3人まだ教室に残っていました。

Nachdem der Unterricht vorbei war, waren noch zwei, drei Studierende im Unterrichtsraum.

# Lektion 4

## 1. …ということだ (Hörensagen)

**Satz (einfache Form) + ということだ**

(1) X ということだ ist eine ähnliche Satzstruktur des Hörensagens wie X そうだ, und man benutzt sie, wenn man den Inhalt X von dem, was eine andere Person oder die Allgemeinheit gesagt hat, mitteilt.

① 山田さんから電話があったのですが、約束の時間に少し遅れるということです。

Von Herrn/Frau Yamada kam ein Anruf. Er/Sie sagte, er/sie wird (wörtl. Er/Sie soll) ein bisschen später als zur verabredeten Zeit kommen.

② 近くにいた人の話によると、トラックから急に荷物が落ちたということです。

Nach der Erzählung der Person, die in der Nähe war, soll plötzlich die Ladung vom Lastwagen heruntergefallen sein.

Es gibt auch die Formulierung とのことです, aber sie ist ein wenig schriftsprachlich.

③ （手紙文）先日、ワンさんに会いました。ワンさんから先生によろしくとのことです。

(Briefstil) Vor kurzem habe ich Herrn Wang getroffen. Ich soll Sie (Herr/Frau Lehrer/in) von ihm grüßen.

(2) X ということですね wird manchmal benutzt, um den Inhalt dessen, was man gerade vom Gesprächspartner gehört hat, zu wiederholen und sich so zu vergewissern.

④ A：部長に30分ほど遅れると伝えてください。

Sagen Sie bitte dem/r Abteilungsleiter/in Bescheid, dass ich ungefähr 30 Minuten später komme.

B：はい、わかりました。30分ほど遅れるということですね。

Ja, verstanden. Sie kommen ungefähr 30 Minuten später, richtig?

## 2. …の・…の？

**Satz (einfache Form) +** { の / の？ }

Diese Satzstruktur ist eine lockere Ausdrucksweise von …のですか. Man benutzt sie im Gespräch mit vertrauten Personen.

① どこへ行くの？　Wo gehst du denn hin?

…ちょっと郵便局へ。　Ich gehe kurz zum Postamt.

② 元気(げんき)がないね。先生(せんせい)にしかられたの？
　　Du wirkst niedergeschlagen. Hat dein/e Lehrer/in mit dir geschimpft?
　　…うん。　Ja.

③ どうしたの？　Was ist denn los?
　　…お母(かあ)さんがいないの。　Meine Mama ist nicht da.

vgl. 「…のです／んです」：Ausdruck, mit dem man die Erklärung einer Ursache, eines Grundes, einer Begründung etc. deutlich ausspricht. Gegenüber …んです in der gesprochenen Sprache gibt es in der geschriebenen Sprache …のです.

(☞『みんなの日本語初級Ⅱ』L.26)

## 3. ～ちゃう・～とく・～てる

⟨Bildung der Formen⟩

Vてしまう　→　Vちゃう

Vておく　　→　Vとく

Vている　　→　Vてる

(1) ～てしまう wird in der Umgangssprache zu ～ちゃう.
　① 行(い)ってしまいます → 行(い)っちゃいます
　② 読(よ)んでしまった → 読(よ)んじゃった
　③ 見(み)てしまった → 見(み)ちゃった

(2) ～ておく wird in der Umgangssprache zu ～とく.
　④ 見(み)ておきます → 見(み)ときます
　⑤ 作(つく)っておこう → 作(つく)っとこう
　⑥ 読(よ)んでおいてください → 読(よ)んどいてください

(3) ～ている wird in der Umgangssprache zu ～てる.
　⑦ 走(はし)っている → 走(はし)ってる
　⑧ 読(よ)んでいる → 読(よ)んでる
　⑨ 見(み)ていない → 見(み)てない

## 4. ～（さ）せられる・～される（Kausativ-Passiv）

⟨Bildung der Form⟩

VⅠ：ない-Form　＋　せられる／される

VⅡ：ない-Form　＋　させられる

VⅢ：する → させられる
　　＊来(く)る → 来(こ)させられる

（1） Ausdruck, in dem Kausativ und Passiv kombiniert werden.
　① 太郎君は掃除をしました。Tarō hat geputzt.
　　→ 先生は太郎君に掃除をさせました。（Kausativ）

　　　Der/Die Lehrer/in hat Tarō putzen lassen.

　　→ 太郎君は先生に掃除をさせられました。（Kausativ-Passiv）

　　　Tarō wurde vom/von der Lehrer/in gezwungen zu putzen.

（2） Wie oben gezeigt wurde, ist beim Kausativ-Passiv die Satzstruktur N₁ は N₂ に V させられる die Grundstruktur, aber N₂ に wird manchmal nicht ausdrücklich genannt. In beiden Fällen heißt es, dass N₁ nicht freiwillig, sondern aufgrund der Anweisung/des Befehls einer anderen Person die Handlung (V) durchführt.
　② 昨日の忘年会ではカラオケを｛歌わせられた／歌わされた｝。

　　　Bei der gestrigen Jahresendfeier wurde ich gezwungen, *Karaoke* zu singen.
　③ この会議では毎月新しい問題について研究したことを発表させられます。

　　　In dieser Sitzung müssen wir jeden Monat berichten (wörtl. werden wir jeden Monat gezwungen zu berichten), was wir über ein neues Problem recherchiert haben.

## 5. 〜である（である -Stil）

$$\left.\begin{array}{l}\text{N}\\ \text{な A}\end{array}\right\} + \text{である}$$

**〜ている＋のである**

Die Bedeutung von 〜である ist identisch mit der von 〜だ, aber es ist ein formeller Stil. Es wird oft in der geschriebenen Sprache, vor allem in Leitartikeln und Abhandlungen, benutzt.
　① 失敗は成功の母である。

　　　Misserfolg führt schließlich zum Erfolg (wörtl. Misserfolg ist die Mutter des Erfolgs).
　② このような事件を起こしたことは非常に残念である。

　　　Es ist äußerst bedauerlich, dass er/sie eine solche Affäre verursacht hat.
　③ ここは去年まで山であった。

　　　Hier war bis zum letzten Jahr ein Berg.

Im である -Stil wird 〜のだ zu 〜のである.
　④ 世界中の人々が地球の平和を願っているのである。

　　　Die Menschen aus der ganzen Welt wünschen Frieden auf der Erde.

## 6. ～ます、～ます、… ・ ～くて、～くて、…
### (Gebrauch der Konjunktionalform zur Verbindung von Satzteilen, *Chūshi*-Form)

〈Bildung der Form〉

V ：V ます -Form －ます （います → おり）

いA：いA －い → く

なA：なA －で

N ：N －で

(1) Die *Chūshi*-Form (dieselbe Form wie die ます -Form) wird in der Form V₁（ます -Form）、V₂ verwendet und drückt genau so wie V₁（て -Form）、V₂ ein ständiges Geschehen von Ereignissen oder nebeneinander geschehende Ereignisse aus.

① 朝起きたら、まず顔を洗い、コーヒーを飲み、新聞を読みます。

Wenn ich morgens aufstehe, wasche ich mir zuerst das Gesicht, trinke dann Kaffee und lese Zeitung.

② 彼とは学生時代、よく遊び、よく話し、よく飲んだ。

Mit ihm habe ich als Student oft zusammen etwas unternommen, geredet und getrunken.

(2) Die *Chūshi*-Form von いる ist おり．

③ 兄は東京におり、姉は大阪にいます。

Mein älterer Bruder ist in Tōkyō und meine ältere Schwester in Ōsaka.

(3) Die *Chūshi*-Form von Adjektiven oder Nomina drückt das gleichzeitige Bestehen dessen aus, was die einzelnen Adjektive oder Nomina bedeuten.

④ マリアさんは、優しく、頭がよく、すばらしい女性だ。

Maria ist eine nette, kluge, wunderbare Frau.

## 7. (1) ～（た）がる

Vます -Form ＋ たがる

いA －い ＼
　　　　　　 ＞ ＋ がる
なA 　　　／

In der Form N が～（た）がる wird dieser Ausdruck an Adjektive, die Gefühle ausdrücken, angehängt, und drückt aus, dass sich die Gefühle von N (einer anderen Person) auf ihrem Gesicht oder in ihrem Verhalten zeigen. Die Form ～たい, die einen Wunsch anzeigt, wird zu ～たがる．

① 太郎君は友達のおもちゃを欲しがる。

Tarō möchte (immer) das Spielzeug von seinen Freunden haben.

② このチームが負けると、息子はすごく悔しがる。

Wenn diese Mannschaft verliert, ärgert sich mein Sohn sehr.

③ このごろの若者は、難しい本を読みたがらない。

   Die Jugendlichen heutzutage wollen keine schwierigen Bücher lesen.

## 7. (2) ～（た）がっている

**V ます -Form ＋ たがっている**

**いA －い** ⎫
**なA**  　 ⎬ ＋ がっている
　　　　　 ⎭

～（た）がる zeigt die Tendenz an, dass man eine Handlung, die ein Gefühl oder einen Wunsch verrät, immer ausführt. Wenn man ausdrücken möchte, dass jemand sich gerade in diesem Moment so verhält, benutzt man ～（た）がっている.

① 太郎君は友達のおもちゃを欲しがっている。

   Tarō möchte das Spielzeug von seinem Freund haben.

② 好きなチームが負けて、息子はすごく悔しがっている。

   Mein Sohn ärgert sich sehr, weil seine Lieblingsmannschaft verloren hat.

## 8. …こと・…ということ

**Satz（einfache Form）＋ [という] こと ＋ Kasuspartikel**

**なA ＋ なこと／であること**

(1) Wenn man an einen Satz eine Kasuspartikel anhängt, benutzt man die Form …こと ＋ Kasuspartikel, um den Satz zu nominalisieren. Vor …こと steht eine einfache Form.

① 田中さんが結婚したことを知っていますか。

   Wissen Sie, dass Herr/Frau Tanaka geheiratet hat?

② これは田中さんの辞書ではないことがわかりました。

   Es hat sich herausgestellt, dass das hier nicht das Wörterbuch von Herrn/Frau Tanaka ist.

Wenn der Satz mit einem な-Adjektiv endet, werden な-Adjektiv ＋ なこと oder な-Adjektiv ＋ であること verwendet.

③ 世界中でこの漫画が有名 {な／である} ことを知っていますか。

   Wissen Sie, dass dieses *Manga* auf der ganzen Welt berühmt ist?

(2) Wenn der Satz ein langer, komplizierter Satz ist, braucht man という vor こと, um das Ganze zu nominalisieren。～ということ wird an eine einfache Form angehängt.

④ 二十歳になればだれでも結婚できるということを知っていますか？

Wissen Sie, dass jeder heiraten kann, sobald er 20 Jahre alt wird?

⑤ 日本に来てから、家族はとても大切｛だ／である｝ということに初めて気がついた。

Nachdem ich nach Japan gekommen bin, habe ich zum ersten Mal gemerkt, dass mir meine Familie sehr wichtig ist.

⑥ この辺りは昔、海｛だった／であった｝ということは、あまり知られていない。

Dass hier in der Gegend früher ein Meer war, ist nicht so bekannt.

vgl. 「こと」：朝早く起きることは健康にいい。 (☞『みんなの日本語中級Ⅰ』L.1)

東京へ行っても、大阪のことを忘れないでくださいね。 (☞『みんなの日本語初級Ⅰ』L.25)

## 話す・聞く

### ～の～ （Apposition）

Hiermit wird ausgedrückt, dass es sich bei N₁ und N₂ um die gleiche Sache handelt. N₁ ist ein Nomen, das ein Attribut von N₂ ausdrückt, und beschreibt N₂ näher. Man kann es mit N₁ である N₂ umschreiben.

① 部長の田中をご紹介します。

Ich stelle Ihnen den/die Abteilungsleiter/in, Herrn/Frau Tanaka vor.

② あさっての金曜日はご都合いかがですか。

Passt es Ihnen übermorgen, am Freitag?

### ～ましたら、… ・ ～まして、…

**V （höfliche Form）＋ ｛たら・て｝、…**

たら und die て-Form können in der höflichen Form benutzt werden.

① 会議が終わりましたら、こちらからお電話させていただきます。

Wenn die Konferenz vorbei ist, rufen wir Sie an.

② 本日は遠くから来てくださいまして、ありがとうございました。

Vielen Dank, dass Sie heute von so weit her gekommen sind.

# Lektion 5

## 1. (1) あ〜・そ〜 (Demonstrativa im Kontext (Dialog))

Demonstrativa wie あ〜, そ〜 etc. haben neben der Verwendung, auf Dinge hinzuweisen, die man direkt vor Augen hat, eine weitere Verwendung, bei der man auf etwas hinweist, das im Gespräch oder Text vorkommt.

Im Gespräch wird auf Dinge, die sowohl der Sprecher als auch der Gesprächspartner unmittelbar kennen, mit あ（あれ、あの、あそこ…）hingewiesen. Auf Dinge, die der Sprecher kennt, der Gesprächspartner aber nicht (und umgekehrt), weist man mit そ（それ、その、そこ）hin.

① さっき、山本さんに会ったよ。　Vorhin habe ich Herrn/Frau Yamamoto getroffen.
　…え、あの人、今日本にいるんですか。　Wie bitte? Ist er/sie jetzt in Japan?

② さっき、図書館でマリアさんという人に会ったんだけどね。その人、この学校で日本語を勉強したんだって。

Vorhin habe ich jemanden namens Maria in der Bibliothek getroffen. Sie (wörtl. diese Person) sagte, sie hätte an dieser Schule Japanisch gelernt.

　…そうですか。その人は何歳ぐらいですか。

Ach so? Wie alt ist sie (wörtl. diese Person) ungefähr?

## 1. (2) そ〜 (Demonstrativa im Kontext (Text))

Im Text verwendet man そ（それ、その、そこ…）, um auf etwas hinzuweisen, was im vorherigen Satz vorgekommen ist.

① 会社を出たあと、駅のレストランで夕食を食べました。そのとき、財布を落としたんだと思います。

Nachdem ich aus der Firma rausgegangen bin, habe ich in einem Restaurant am Bahnhof zu Abend gegessen. Ich denke, dass ich da mein Portmonee verloren habe.

② イギリスの人気小説が日本語に翻訳されました。それが今年日本でベストセラーになりました。

Ein beliebter englischer Roman wurde ins Japanische übersetzt. Er ist dieses Jahr in Japan ein Bestseller geworden.

## 2. …んじゃない？

V  
いA  } einfache Form  
なA  } einfache Form  　+ [んじゃないですか]／んじゃない？  
N   }　ーだ → な

…んじゃないですか ist die umgangssprachliche Entsprechung von …のではありませんか. Im lockeren Gespräch wird es benutzt, wenn der Sprecher seine Meinung äußert.

① 元気がないですね。何か困っていることがあるんじゃないですか。

　　Sie sehen niedergeschlagen aus. Sie haben ein Problem, oder nicht?

　　…ええ、実は……。　　Ja, um ehrlich zu sein ... .

Wenn man んじゃないですか einer befreundeten Person gegenüber benutzt, wird der Ausdruck manchmal zu んじゃない. Im formellen Gespräch wird er zu のではないでしょうか.

② タワポンさん、少し太ったんじゃない。　　Thawaphon, du hast ein wenig zugenommen, oder?

　　…わかりますか。　　Sieht man das?

## 3. ～たところに／で

**V（Bewegungsverb）た -Form ＋ ところ**

Unter Benutzung von Bewegungsverben wie z.B. 行く(gehen), 渡る(übergueren), 曲がる (abbiegen), 出る(hinausgehen) etc. wird mit der Form V（た -Form）＋ ところ der Ort nach der Fortbewegung angezeigt.

① あの信号を左へ曲がったところに、郵便局があります。

　　Wenn Sie an der Ampel links abgebogen sind, ist da ein Postamt (wörtl. An dem Ort, wo Sie nach dem Abbiegen nach links an der Ampel sind, gibt es ein Postamt).

② 改札を出て、階段を上ったところで、待っていてください。

　　Warten Sie bitte da, wo Sie hinkommen, wenn Sie die Fahrkartenkontrollstelle verlassen und die Treppe hinaufgehen (wörtl. an dem Ort, wo Sie die Fahrkartenkontrollstelle verlassen haben und die Treppe hinaufgegangen sind).

## 4. (1) (2) ～ （よ）う （Intentionalform） とする／しない

**V（よ）う ＋ とする／しない**

(1) V（よ）う（Intentionalform）とする／しない drückt aus, dass man kurz vor der Durchführung von V ist. Folglich wird V nicht in die Tat umgesetzt. In dieser Verwendung wird es normalerweise in Satzstrukturen wie ～とき , ～たら etc. benutzt.

① 家を出ようとしたとき、電話がかかってきた。

　　Als ich das Haus verlassen wollte, kam ein Anruf.

② 雨がやんだので、桜を撮ろうとしたら、カメラの電池が切れてしまった。

　　Als ich die Kirschblüte fotografieren wollte, weil es aufgehört hatte zu regnen, hat die Batterie leider den Geist aufgegeben (wörtl. wurde die Batterie leider leer).

(2) Die Satzkonstruktion kann auch beschreiben, dass man sich bemüht, V durchzuführen.

③ 父は健康のためにたばこをやめようとしています。

　　Für seine Gesundheit bemüht sich mein Vater, mit dem Rauchen aufzuhören.

④ あの日のことは、忘れようとしても忘れることができません。

　　Ich kann den Tag nicht vergessen, auch wenn ich es versuche.

(3) V（Intentionalform）としない drückt aus, dass man nicht die Absicht hat, V durchzuführen. Normalerweise benutzt man diese Satzstruktur, wenn man sich über jemand anderen als sich selbst äußert.

⑤ 妻は紅茶が好きで、お茶やコーヒーを飲もうとしない。

　　Meine Frau mag schwarzen Tee und hat kein Interesse daran, japanischen Tee oder Kaffee zu trinken.

⑥ 人の話を聞こうとしない人は、いつまでたっても自分の考えを変えることができません。

　　Diejenigen, die sich nicht die Mühe machen, anderen zuzuhören, können niemals ihre Meinung ändern.

## 5. …のだろうか

```
V   ┐
いA  ├ einfache Form  ┐
なA  ┤ einfache Form  ├ + のだろうか
N   ┘ －だ → な      ┘
```

Mit X のだろうか stellt man sich selbst die Frage, ob X richtig ist. Manchmal benutzt man diese Satzstruktur zusammen mit Fragewörtern wie どう、何、いつ etc. und fragt sich selbst nach der Antwort.

① この店ではクレジットカードが使えるのだろうか。

　　Kann man wohl in diesem Laden eine Kreditkarte benutzen?

② 大学院に入るためには、どうすればいいのだろうか。

　　Was muss ich wohl machen, um in die Graduiertenabteilung aufgenommen zu werden?

Es wird auch benutzt, wenn man dem Gesprächspartner eine Frage stellt, aber X のでしょうか ist im Vergleich zu X のですか eine sanftere Fragestellung, bei der man den Gesprächspartner nicht zu einer Antwort zwingt.

③ すみません。この店ではクレジットカードが使えるのでしょうか。

  Entschuldigung. Kann man in diesem Laden vielleicht eine Kreditkarte benutzen?

Die Form X のだろうか ohne ein Fragewort wird auch in dem Fall benutzt, wenn man sagen möchte, dass X nicht richtig ist, oder dass man nicht glaubt, dass etwas X ist.

④ このクラスでは日本語で話すチャンスがとても少ない。こんな勉強で会話が上手になるのだろうか。

  In dieser Klasse gibt es sehr wenige Gelegenheiten, auf Japanisch zu reden. Wird mit so einer Lernweise die Konversationsfähigkeit überhaupt besser?

## 6. ～との／での／からの／までの／への～

**N + {Kasuspartikel + の} + N**

Wenn ein mit der Partikel と, で, から, まで, へ etc. markiertes Wort ein Nomen näher bestimmt, wird の an die Kasuspartikel angehängt. の folgt allerdings nicht に. In diesem Fall ändert man に zu へ und bildet somit への.

① 友達との北海道旅行は、とても楽しかったです。

  Die Hokkaidō-Reise mit meinen Freunden hat sehr viel Spaß gemacht.

② 日本での研究はいかがでしたか。 Wie war die Forschung in Japan?

③ 国の両親からの手紙を読んで、泣いてしまった。

  Als ich den Brief von meinen Eltern aus meinem Heimatland gelesen habe, musste ich weinen.

④ 先生へのお土産は何がいいでしょうか。

  Was wäre gut als Mitbringsel für den/die Lehrer/in?

の folgt auch nicht が und を.

⑤ 田中さんの欠席を部長に伝えてください。

  Richten Sie bitte dem/der Abteilungsleiter/in aus, dass Herr/Frau Tanaka abwesend ist (wörtl. die Abwesenheit von Herrn/Frau Tanaka aus).

⑥ 大学院で医学の研究をするつもりです。

  Ich beabsichtige, in der Graduiertenabteilung medizinische Forschung zu betreiben.

## 7. …だろう・…だろうと思う（Vermutung）

```
V    ⎫
いA   ⎬ einfache Form
なA   ⎫                  ⎫ + だろう
N    ⎬ einfache Form    ⎭
      ─だ
```

(1) …だろう ist die einfache Form von …でしょう und wird in Texten im einfachen Stil benutzt. Der Sprecher konstatiert seine Meinung nicht, sondern äußert sie vermutend.

① アジアの経済はこれからますます発展するだろう。

Die Wirtschaft Asiens wird wohl von jetzt an immer mehr wachsen.

② マリアさんの話を聞いて、ご両親もきっとびっくりされただろう。

Als die Eltern die Erzählung von Maria gehört haben, waren sie bestimmt auch überrascht.

(2) Im Gespräch ist es üblich, と思う an だろう anzuschließen und die Form …だろうと思う zu benutzen.

③ 鈴木君はいい教師になるだろうと思います。

Ich glaube, dass Herr Suzuki wohl ein guter Lehrer wird.

④ この実験にはあと２、３週間はかかるだろうと思います。

Ich denke, dass dieses Experiment wohl noch zwei bis drei Wochen dauern wird.

vgl. 「～でしょう？（Vergewisserung）」：
７月に京都でお祭りがあるでしょう？　　　　　(☞『みんなの日本語初級Ⅰ』L.21)

「～でしょう（Vermutung）」：あしたは雪が降るでしょう。
(☞『みんなの日本語初級Ⅱ』L.32)

## 話す・聞く

### …から、～てください

**V（höfliche Form）＋から、Vてください**

In diesem Fall zeigt …から keinen Grund an, sondern eine Information, die als Voraussetzung für die darauf folgende Bitte oder Anweisung fungiert.

① お金を入れるとボタンに電気がつきますから、それを押してください。

Wenn Sie das Geld hineintun, leuchtet der Knopf auf. Drücken Sie ihn bitte.

② 10分ぐらいで戻ってきますから、ここで待っていてくれますか。

Ich komme in ungefähr 10 Minuten zurück. Können Sie bitte hier warten?

## 読む・書く

### が／の

Das Subjekt in einem Satzglied, das ein Nomen näher bestimmt, wird manchmal mit の markiert anstatt mit が.

① 留学生 {が／の} かいた絵を見ました。

　Ich habe ein Bild gesehen, das ein/e ausländische/r Student/in gemalt hat.

② 田中さん {が／の} 作ったケーキはとてもおいしかった。

　Der Kuchen, den Herr/Frau Tanaka gebacken hat, war sehr lecker.

# Lektion 6

## 1. (1) …て… ・ …って… (Zitat)

**Satz (einfache Form) ＋ て／って…**

In der gesprochenen Sprache wird manchmal die Zitatpartikel と zu て oder って.

① 田中さんは昨日何て言っていましたか。　←「と」

　　Was hat Herr/Frau Tanaka gestern gesagt?

　　…今日は休むって言っていました。　←「と」

　　　Er/sie hat gesagt, dass er/sie heute nicht kommt.

② 店の前に「本日休業」って書いてありました。　←「と」

　　Vor dem Laden stand: „Heute geschlossen".

という von 〜という名前を持つ人／もの／ところ wird auch zu って.

③ 昨日、田山って人が来ましたよ。　←「という」

　　Gestern kam jemand namens Tayama.

## 1. (2) 〜って… (Thema)

**Satz (einfache Form)**
**N einfache Form　−だ** ＋ って…

X って benutzt man, wenn der Sprecher eine Frage zu X stellt, das er nicht gut kennt, oder wenn der Sprecher den Charakter oder die Eigenschaften von X erwähnt.

① ねえ、函館って、どんな町？　Du, was für eine Stadt ist Hakodate?

② メンタルトレーニングっておもしろい！　Mentales Training ist interessant!

## 2. (1) 〜つもりはない (Verneinung einer Absicht)

**V Wörterbuchform ＋ つもりはない**

(1) 〜つもりはない ist die verneinte Form von 〜つもりだ und drückt aus, dass man nicht die Absicht hat, 〜 zu machen.

① 卒業後は就職するつもりです。大学院に行くつもりはありません。

　　Nach dem Abschluss beabsichtige ich, eine Stellung zu finden. Ich beabsichtige nicht, in die Graduiertenabteilung zu gehen.

② 仕事が忙しいので、今夜のパーティーに出るつもりはない。

　　Weil ich bei der Arbeit viel zu tun habe, beabsichtige ich nicht, an der Party heute Abend teilzunehmen.

Wenn der Inhalt von V bekannt ist, kann man V つもりはない zu そのつもりはない ändern.

③　A：1週間くらい休みを取ったらどうですか。

　　　　Wie wäre es, wenn Sie sich ungefähr eine Woche frei nehmen?

　　　B：いえ、そのつもりはありません。　　Nein, das habe ich nicht vor.

(2) Es gibt zwei Verneinungsmöglichkeiten von 〜つもりだ, nämlich 〜つもりはない und 〜ないつもりだ. 〜つもりはない ist eine stärkere Verneinung und wird z.B. benutzt, wenn man die Aussage des Gesprächspartners entschieden zurückweist.

④　新しいコンピューターが発売されました。いかがですか。

　　　Ein neuer Computer wurde auf den Markt gebracht. Möchten Sie ihn vielleicht?

　　　…コンピューターは持っているから ｛○買うつもりはない／×買わないつもりだよ。｝

　　　Weil ich einen Computer habe, beabsichtige ich nicht, ihn zu kaufen.

## 2. (2) 〜つもりだった（Absicht in der Vergangenheit）

V Wörterbuchform  
V ない -Form　−ない ｝ ＋ つもりだった

(1) 〜つもりだった ist die Vergangenheitsform von 〜つもりだ und drückt aus, dass man die Absicht hatte, 〜 zu machen.

①　電話するつもりでしたが、忘れてしまいました。すみません。

　　　Ich hatte eigentlich vor, Sie anzurufen, aber ich habe es leider vergessen. Entschuldigung.

(2) Oft folgt danach, dass man später seine Meinung geändert hat.

②　パーティーには行かないつもりでしたが、おもしろそうなので行くことにしました。

　　　Eigentlich hatte ich vor, nicht zur Party zu gehen, aber ich habe mich entschieden zu gehen, weil sie interessant schien.

vgl. 「〜つもりだ（Absicht）」：国へ帰っても、柔道を続けるつもりです。

(☞『みんなの日本語初級Ⅱ』L.31)

## 2. (3) 〜たつもり・〜ているつもり

V た -Form  
V ている  
い A         ＋ つもり  
な A 　ーな  
N の

X たつもり／X ているつもり drückt aus, dass der Handelnde glaubt, dass etwas X ist. Es gibt sowohl den Fall, dass es in Wirklichkeit nicht X ist, als auch den, dass man nicht weiß, ob X stimmt.

① 外国語を練習するときは、小さな子どもになったつもりで、大きな声を出してみるといい。

Wenn man Fremdsprachenübungen macht, ist es gut, einmal laut zu sprechen, mit der Vorstellung, dass man ein kleines Kind wäre.

② かぎがかかっていませんでしたよ。　Die Tür war nicht abgeschlossen.
…すみません、かけたつもりでした。
　　　Entschuldigung. Ich dachte eigentlich, dass ich sie abgeschlossen hätte.

③ わたしは一生懸命やっているつもりです。

Ich denke eigentlich, dass ich mein Bestes gebe.

④ 若いつもりで無理をしたら、けがをしてしまった。

Als ich es übertrieben habe, weil ich mich für jung hielt, habe ich mich leider verletzt.

⑤ 本当の研究発表のつもりで、みんなの前で話してください。

Reden Sie bitte so vor allen, als wäre es ein echtes Referat über Ihre Forschung.

vgl. 「V Wörterbuchform つもりです（Absicht, eine Handlung durchzuführen）」：
国へ帰っても、柔道を続けるつもりです。　　　　（☞『みんなの日本語初級Ⅱ』L.31）

## 3. 〜てばかりいる・〜ばかり〜ている

（1）V て -Form ＋ ばかりいる

（2）N ばかり ＋ V_t ている

（1）Hiermit wird ausgedrückt, dass eine bestimmte Handlung immer bzw. viele Male durchgeführt wird. Darin enthalten ist ein Vorwurf oder die Unzufriedenheit des Sprechers.

① この猫は一日中、寝てばかりいる。　Die Katze hier schläft den ganzen Tag nur.

② 弟はいつもコンピューターゲームをしてばかりいる。

Mein jüngerer Bruder spielt immer nur Computerspiele.

(2) Bei transitiven Verben kann ばかり direkt nach dem Objekt stehen.
③ 弟(おとうと)はいつもコンピューターゲームばかりしている。

Mein jüngerer Bruder spielt immer nur Computerspiele.

## 4. …とか…

**N**
**Satz（einfache Form）** } + とか

（1）…とか…とか benutzt man, um einige ähnliche Beispiele zu nennen und zu zeigen.
① 最近(さいきん)忙(いそ)しくて、テレビのドラマとか映画(えいが)とか見(み)る時間(じかん)がありません。
② 健康(けんこう)のためにテニスとか水泳(すいえい)とかを始(はじ)めてみるといいですよ。

(☞『みんなの日本語初級Ⅱ』L.36)

(2) Als … können auch Sätze stehen.
③ 子どものとき、母(はは)に「勉強(べんきょう)しろ」とか「たくさん食(た)べなさい」とかよく言(い)われました。

Als Kind wurde mir oft von meiner Mutter gesagt: „Lern!" oder: „Iss viel!" etc.

④ 今日(きょう)のテストは「難(むずか)しい」とか「問題(もんだい)が多(おお)すぎる」とか思(おも)った学生(がくせい)が多(おお)いようです。

Es scheint viele Studierende zu geben, die z.B. fanden, dass der heutige Test „schwierig war" oder „zu viele Aufgaben hatte".

⑤ やせたいんです。どうしたらいいですか。

Ich möchte abnehmen. Was soll ich machen?

…毎日(まいにち)水泳(すいえい)をするとか、ジョギングをするとかすればいいですよ。

Es ist gut, wenn Sie z.B. jeden Tag schwimmen oder joggen.

## 5. ～てくる（Auftreten einer Situation）

**V て -Form + くる**

～てくる drückt aus, dass etwas neu auftritt und dass man etwas wahrnehmen kann, das bis dahin nicht wahrgenommen werden konnte.

① 暗(くら)くなって、星(ほし)が見(み)えてきた。

Es wurde dunkel und die Sterne wurden sichtbar (wörtl. kamen in Sicht).

② 隣(となり)の家(いえ)からいいにおいがしてきた。

Vom Nachbarhaus kam ein angenehmer Geruch herüber.

## 6. ~てくる (zum Sprecher hin)・~ていく (vom Sprecher weg)

V て-Form + { くる / いく }

Wenn Verben, die eine Fortbewegung ausdrücken, mit ～てくる oder ～ていく kombiniert werden, wird die Richtung dieser Fortbewegung deutlich angezeigt. ～てくる drückt aus, dass die Bewegung zum Sprecher hin stattfindet. ～ていく drückt aus, dass die Fortbewegung vom Sprecher weg zu einem anderen Ort hin stattfindet.

① 兄が旅行から帰ってきた。　Mein älterer Bruder ist von der Reise zurückgekommen.
② 授業のあと、学生たちはうちへ帰っていった。
　　Nach dem Unterricht sind die Studierenden nach Hause gegangen.

## 読む・書く

### こ～ (Demonstrativa im Kontext)

Im Text kann こ auf etwas hinweisen, was danach im Text vorkommt.

① 新聞にこんなことが書いてあった。最近の日本人は家族みんなで休日にコンピューターゲームを楽しむそうだ。

In der Zeitung stand so etwas: Die Japaner heutzutage sollen sich an freien Tagen mit der ganzen Familie mit Computerspielen vergnügen.

vgl. 「あ～・そ～ (Demonstrativa im Kontext (Dialog))」
　　「そ～ (Demonstrativa im Kontext (Text))」

(☞『みんなの日本語中級Ⅰ』L.5)

# Lektion 7

**1. (1)** ～なくてはならない／いけない・～なくてもかまわない

V ない -Form
い A　ーい→く
な A　｝で
N
+ ｛なくてはならない／いけない
　　なくてもかまわない｝

(1) ～なくてはならない／いけない drückt aus, dass ～ eine Verpflichtung ist, dass es unbedingt notwendig ist. Es ist gleichbedeutend mit ～なければならない．

① この薬は一日2回飲まなくてはならない。
　　Dieses Medikament muss ich zweimal am Tag einnehmen.
② レポートは日本語でなくてはなりません。　Der Bericht muss auf Japanisch sein.

(2) ～なくてもかまわない drückt aus, dass ～ nicht nötig ist. Es ist ein höflicherer Ausdruck als ～なくてもいいです．

③ 熱が下がったら、薬を飲まなくてもかまわない。
　　Wenn das Fieber sinkt, brauchen Sie das Medikament nicht (mehr) zu nehmen.
④ 作文は長くなくてもかまいません。
　　Es macht nichts, wenn der Aufsatz nicht lang ist.

vgl. 「～なければならない（etwas muss unabhängig vom Willen des Handelnden getan werden）」：薬を飲まなければなりません。

「～なくてもいい（es besteht keine Notwendigkeit, die Handlung auszuführen）」：
あした来なくてもいいです。　　　　　　　　　　（☞『みんなの日本語初級Ⅰ』L.17）

**1. (2)** ～なくちゃ／～なきゃ［いけない］

〈Bildung der Form〉

V なくてはいけない → V なくちゃ［いけない］

V なければいけない → V なきゃ［いけない］

In zwanglosen Gesprächen wird manchmal なくてはいけない zu なくちゃいけない und なければいけない zu なきゃいけない. Außerdem kommt es auch vor, dass いけない weggelassen wird.

## 2. …だけだ・［ただ］…だけでいい

1) N ＋ だけ

2) V / いA } einfache Form  
   なA einfache Form －だ → な } ＋ { だけだ / だけでいい }

(1) 〜だけ wird an Nomen angehängt und drückt eine Begrenzung aus.
   ① 外国人の社員は一人だけいます。
   ② 休みは日曜日だけです。　　　　　　　　　　　（☞『みんなの日本語初級Ⅰ』L.11）

(2) Es kommt vor, dass vor …だけ ein Verb oder Adjektiv kommt und sie zusammen das Prädikat bilden.
   ③ 何をしているの？…ただ、本を読んでいるだけです。
      Was machst du?　　Ich lese nur ein Buch.
   ④ 病気ですか？…ちょっと気分が悪いだけです。
      Sind Sie krank?　　Ich fühle mich nur etwas schlecht.

(3) …するだけでいい drückt aus, dass die notwendige Handlung nur …すること ist, und dass alles andere unnötig ist.
   ⑤ 申し込みはどうするんですか？…この紙に名前を書くだけでいいんです。
      Wie meldet man sich an?
      Es reicht, wenn man nur seinen Namen auf dieses Papier schreibt.

## 3. …かな （Satzschlusspartikel）

V / いA } einfache Form  
なA einfache Form －だ  
N } ＋ かな

(1) …かな benutzt man in Fragen, bei denen man nicht zwingend eine Antwort vom Gesprächspartner verlangt. … steht in der einfachen Form.
   ① A：お父さんの誕生日のプレゼントは何がいいかな。
      Was wäre wohl ein gutes Geschenk für Papa?
      B：セーターはどうかな。　Wie wäre es mit einem Pullover?

(2) Wenn man in Einladungen oder Bitten …ないかな benutzt, drückt man sich nicht so bestimmt aus, und es hat einen abmildernden Effekt.

② A：明日みんなで桜を見に行くんですが、先生もいっしょにいらっしゃらないかなと思いまして。

Morgen gehen wir uns alle zusammen die Kirschblüten anschauen. Wir dachten uns, ob Sie nicht auch mitkommen?

B：桜ですか。いいですね。 Die Kirschblüten? Gute Idee!

③ A：3時までにこの資料を全部コピーしなければならないんだけど、手伝ってくれないかな。

Ich muss bis 3 Uhr diese ganzen Unterlagen kopieren. Könntest du mir nicht helfen?

B：いいよ。 Sicher!

## 4.（1） ～なんか…

**N ＋ なんか**

～なんか ist ein Ausdruck, der das Gefühl vermittelt, dass man ～ als unwichtig betrachtet und gering schätzt. Es ist wie など, aber ～なんか wird in der Umgangssprache benutzt.

① わたしの絵なんかみんなに見せないでください。絵が下手なんです。

Zeigen Sie meine Bilder bitte nicht allen. Ich bin schlecht im Malen. (wörtl. Ich bin schlecht in Bildern.)

## 4.（2） …なんて…

V
いA　einfache Form
なA　　　　　　　＋ なんて
N

（1） X なんて Y ist ein Ausdruck, der das Gefühl vermittelt, dass man X als unwichtig betrachtet und gering schätzt. Es ist wie など, aber X なんて wird in der Umgangssprache benutzt.

① わたしの絵なんてみんなに見せないでください。絵が下手なんです。

Zeigen Sie meine Bilder bitte nicht allen. Ich bin schlecht im Malen. (wörtl. Ich bin schlecht in Bildern.)

（2） Außerdem wird Xなんてin Fällen benutzt, wo man bezüglich X ein negatives Urteil ausdrückt oder es mit einem Gefühl der Überraschung erwähnt. Es wird in der Umgangssprache benutzt.

② 昨日、大江さんという人から電話があったよ。

Gestern hat jemand namens Ōe angerufen.

…大江なんて（人）知りませんよ、わたし。 Einen Ōe kenn' ich nicht.

③ 先生が3年も前に事故にあって亡くなったなんて、知りませんでした。

　　Ich wusste nicht, dass der/die Lehrer/in schon vor 3 Jahren einen Unfall hatte und verstorben ist.

④ 試験に一度で合格できたなんて、びっくりしました。

　　Ich war überrascht, dass ich die Prüfung beim ersten Mal bestanden habe.

⑤ ミラーさんがあんなに歌がうまいなんて、知りませんでした。

　　Ich wusste nicht, dass Herr Miller so gut singt (wörtl. dass er so gut im Singen ist).

Wie in ③, ④ und ⑤ benutzt man nach Verben und Adjektiven なんて；なんか kann man hier nicht benutzen.

## 5. (1) ～（さ）せる（Gefühls-Kausativ）

〈Bildung der Form〉

**V<sub>i.</sub> (Verb der Emotion) ＋（さ）せる**

Beim Kausativ-Ausdruck ～（さ）せる gibt es neben dem Fall, dass man eine andere Person mit einer Handlung beauftragt, auch den Fall, dass man Emotionen auslöst. In diesem Fall kommen Verben vor, die Emotionen ausdrücken (泣く weinen, びっくりする überrascht sein, 楽しむ sich vergnügen, 驚く erstaunen etc.), und die Person, die veranlasst wird, wird mit を markiert.

① 殴って、弟を泣かせたことがある。

　　Ich habe meinen jüngeren Bruder einmal geschlagen und ihn dadurch zum Weinen gebracht.

② テストで100点を取って、母をびっくりさせた。

　　Ich habe im Test 100 Punkte erreicht und damit meine Mutter überrascht.

vgl. 「～（さ）せる（Kausativ）」：部長は加藤さんを大阪へ出張させます。

(☞『みんなの日本語初級Ⅱ』L.48)

## 5. (2) ～（さ）せられる・～される（Passiv des Gefühls-Kausativs）

〈Bildung der Form〉

**V<sub>i.</sub> ＋（さ）せられる／される**

Es ist darüber hinaus auch möglich, das Gefühls-Kausativ ins Passiv zu setzen.

① 何度買っても宝くじが当たらず、がっかりさせられた。

　　Es hat mich enttäuscht, dass ich nicht in der Lotterie gewonnen habe, obwohl ich viele Male ein Los gekauft habe (wörtl. Ich wurde enttäuscht, weil ich nicht in der Lotterie gewonnen habe, wie oft ich auch ein Los gekauft habe).

② 子どもが書いた作文はすばらしく、感心させられた。

　　Es hat mich beeindruckt, dass die Aufsätze, die die Kinder geschrieben hatten, so hervorragend waren (wörtl. Ich wurde beeindruckt, weil die Aufsätze, die die Kinder geschrieben hatten, hervorragend waren).

In diesem Fall drückt es aus, dass das Gefühl der Überraschung/Trauer/Enttäuschung/Bewunderung in starkem Maße hervorgerufen wurde.

vgl. 「～（さ）せる（Kausativ）」：部長は加藤さんを大阪へ出張させます。
(☞『みんなの日本語初級Ⅱ』L.48)

「～（ら）れる（Passiv）」：わたしは先生に褒められました。
(☞『みんなの日本語初級Ⅱ』L.37)

「～（さ）せられる（Kausativ-Passiv）」：太郎君は先生に掃除をさせられました。
(☞『みんなの日本語中級Ⅰ』L.4)

## 6. …なら、…

V  
いA  } einfache Form  
なA } einfache Form  } ＋なら  
N    } －だ

XならY wird benutzt, wenn man dem Hörer, der sich anschickt X zu tun oder sich in der Situation X befindet, Y empfiehlt oder ihn danach fragt. Als X kann sowohl ein Nomen stehen als auch ein Verb oder Adjektiv.

なら wird an die einfache Form angefügt. Wenn der Teil davor jedoch mit einem な-Adjektiv oder einem Nomen endet, ist die Form な-Adj./Nomen ＋なら.

① パソコンを買いたいんですが。
　…パソコンならパワー電気のがいいですよ。
(☞『みんなの日本語初級Ⅱ』L.35)

② ワインを買うなら、あの酒屋に安くておいしいものがあるよ。

　Wenn du Wein kaufen möchtest (wörtl. Wenn du Wein kaufst), in dem Weinladen da gibt es welche, die billig und lecker sind.

③ 日曜大工でいすを作るなら、まず材料に良い木を選ばなくてはいけません。

　Wenn sie in Heimarbeit einen Stuhl bauen, müssen Sie zuerst gutes Holz als Material aussuchen.

④ 頭が痛いなら、この薬を飲むといいですよ。

　Wenn Sie Kopfschmerzen haben, hilft es, wenn Sie dieses Medikament nehmen (wörtl. Wenn Sie Kopfschmerzen haben, ist es gut, wenn Sie dieses Medikament nehmen).

⑤ 大学院への進学のことを相談するなら、どの先生がいいかな。

　Wenn ich mich zum Eintritt in die Graduiertenabteilung beraten lassen möchte, welcher Dozent wäre da gut?

### 読む・書く

**〜てくれ**

(1) Vてくれ benutzt man, wenn man die Anweisung oder Bitte nicht wörtlich, sondern indirekt wiedergibt. Wenn man sie direkt ausdrückt, wird es zu 〜てください.

① 田中さんはお母さんに「7時に起こしてください」と言いました。

Herr/Frau Tanaka hat seiner/ihrer Mutter gesagt: „Bitte weck mich um 7 Uhr."

→ 田中さんはお母さんに何と言いましたか。

Was hat Herr/Frau Tanaka seiner/ihrer Mutter gesagt?

…7時に起こしてくれと言いました。

Er/Sie hat gesagt, sie solle ihn/sie bitte um 7 Uhr wecken.

(2) Vてくれ ist ein Ausdruck, den man benutzt, wenn man niedriger gestellte Personen um etwas bittet; hauptsächlich benutzen ihn Männer.

② 部長：田中君、この資料をコピーして来てくれ。

Abteilungsleiter: Herr Tanaka, bitte gehen Sie diese Unterlagen kopieren.

# Lektion 8

**1. (1) (2)** ～あいだ、… ・ ～あいだに、…

$$\left.\begin{array}{l}\text{V ている}\\ \text{N の}\end{array}\right\} + \left\{\begin{array}{l}\text{あいだ}\\ \text{あいだに}\end{array}\right.$$

(1) X あいだ、Y drückt aus, dass sowohl X als auch Y über eine bestimmte Zeitspanne andauernde Zustände sind, und dass in der Zeit, in der X andauert, auch Y andauert.

① 電車に乗っているあいだ、本を読んでいた。

　　Während ich im Zug saß, las ich ein Buch.

② 夏休みのあいだ、ずっと国に帰っていた。

　　Während der Sommerferien war ich die ganze Zeit in meinem Heimatland.

(2) X あいだに、Y drückt aus, dass X ein andauernder Zustand und Y ein Ereignis ist und dass in der Zeit, in der X andauert, Y passiert.

③ 食事に出かけているあいだに、部屋に泥棒が入った。

　　Während ich zum Essen ausgegangen war, ist jemand in mein Zimmer eingebrochen.

④ 旅行のあいだに、アパートに泥棒が入った。

　　Während meiner Reise ist jemand in meine Wohnung eingebrochen.

vgl. 「あいだ（Position）」：郵便局は銀行と本屋のあいだ（間）にあります。

(☞『みんなの日本語初級Ⅰ』L.10)

**2. (1) (2)** ～まで、… ・ ～までに、…

$$\left.\begin{array}{l}\text{N}\\ \text{V Wörterbuchform}\end{array}\right\} + \left\{\begin{array}{l}\text{まで}\\ \text{までに}\end{array}\right.$$

(1) Bei X まで Y drückt X die letzte Frist für Y aus. Y drückt eine andauernde Handlung oder einen andauernden Zustand aus.

① 3時までここにいます。

② 毎日9時から5時まで働きます。　　　　　　　　(☞『みんなの日本語初級Ⅰ』L.4)

　　Es gibt auch Fälle, in denen X keine Uhrzeit sondern ein Ereignis ist.

③ 先生が来るまで、ここで待っていましょう。

　　Lassen Sie uns hier warten, bis der Lehrer/die Lehrerin kommt.

(2) Auch bei XまでにY ist X eine Frist, aber Y ist keine andauernde Handlung oder ein andauernder Zustand, sondern ein einmaliges Ereignis. Es drückt aus, dass Y vor X passiert.

④ 3時までに帰ります。　　　　　　　　　　　　　　（☞『みんなの日本語初級Ⅰ』L.17）

⑤ 先生が来るまでに、掃除を終わらせた。
Bevor der/die Lehrer/in gekommen ist, habe ich fertig geputzt (wörtl. das Putzen beendet).

## 3. ～た～ （adnominale Bestimmung）

**V た -Form ＋ N**

(1) Wenn die ている-Form als Ausdruck eines Zustandes, der das Resultat einer abgeschlossenen Handlung oder Veränderung ist, ein Nomen näher bestimmt, wird auch die た-Form benutzt.

① 田中さんは眼鏡をかけています。 → 眼鏡をかけた田中さん
Herr/Frau Tanaka trägt eine Brille. → Herr/Frau Tanaka, der/die eine Brille trägt

② 線が曲がっている。 → 曲がった線　Die Linie ist krumm. → Eine krumme Linie

(2) Wenn die ている-Form als Ausdruck des Zustandes einer gerade ablaufenden Handlung ein Nomen näher bestimmt, ergibt sich eine andere Bedeutung, wenn man die た-Form benutzt.

③ 山下さんは本を読んでいます。　≠　本を読んだ山下さん
Herr/Frau Yamashita liest gerade　　　Herr/Frau Yamashita, der/die ein Buch gelesen
ein Buch.　　　　　　　　　　　　　 hat

④ 東京電気で働いている友達　≠　東京電気で働いた友達
Mein/e Freund/in, der/die bei der　　Mein/e Freund/in, der/die bei der Tōkyō Electric
Tōkyō Electric Company arbeitet　　 Company gearbeitet hat

vgl. 「ている（Ausdruck eines Resultatszustandes）」: 窓が割れています。
（☞『みんなの日本語初級Ⅱ』L.29）

## 4. ～によって…

**N ＋ によって**

XによってY drückt aus, dass abhängig von der Art von X bei Y vielfältige Veränderungen auftreten. Bei Y stehen häufig Prädikate wie 違う (sich unterscheiden), 変わる (sich verändern) oder さまざまだ (vielfältig sein).

① 好きな食べ物は人によって違う。
Das Lieblingsessen unterscheidet sich von Mensch zu Mensch.

② 季節によって景色が変わる。　Je nach Jahreszeit verändert sich die Landschaft.

## 5. ～たまま、… ・ ～のまま、…

$$\left.\begin{array}{l} \text{V た -Form} \\ \text{N の} \end{array}\right\} + まま$$

V たまま Y／N のまま Y drückt aus, dass man in dem Zustand, nachdem man die Handlung V ausgeführt hat, Y tut, oder dass man im Zustand N die Handlung Y ausführt. Man benutzt es in Fällen, wo man normalerweise im Zustand X nicht Y tut.

① 眼鏡をかけたまま、おふろに入った。

Ich bin mit Brille (wörtl. mit aufgesetzter Brille) ins Bad gestiegen.

② 昨夜の地震にはびっくりして、下着のまま、外に出た。

Vom Erdbeben letzte Nacht bin ich so erschrocken, dass ich in Unterwäsche nach draußen gegangen bin.

## 6. …からだ（Ursache/Grund）

(1) Satz（einfache Form）＋からだ

(2) Satz（einfache Form）＋のは、Satz（einfache Form）＋からだ

(1) Dies ist eine Konstruktion, die die Ursache bzw. den Grund eines Ereignisses ausdrückt. Sie wird als Antwort verwendet, wenn man nach dem Grund gefragt wird; から wird an die einfache Form angeschlossen.

① どうして医者になりたいんですか。　Warum möchten Sie Arzt/Ärztin werden?
　…医者は人を助けるすばらしい仕事だからです。

Weil Arzt ein großartiger Beruf ist, bei dem man Menschen hilft.

(2) Wenn man zuerst das Ergebnis und danach die Ursache nennt, nimmt die Konstruktion die Form …（einfache Form）＋のは、…（einfache Form）＋からだ an.

② 急にドアが開いたのは、だれかがボタンを押したからだ。

Dass plötzlich die Tür aufgegangen ist, lag daran, dass jemand den Knopf gedrückt hat.

Bei …ので, das ebenfalls einen Grund ausdrückt, gibt es diese Verwendungsweisen nicht, die Ausdrucksweise …のでだ／…のでです ist nicht möglich.

vgl. 「…から（Grund: Verbindung von zwei Sätzen zu einem）」：
　時間がありませんから、新聞を読みません。　　　　　　（☞『みんなの日本語初級Ⅰ』L.9）

## 話す・聞く

### 髪／目／形 (Haare/Augen/Form) をしている

Mit diesem Ausdruck beschreibt man äußerliche Besonderheiten einer Person oder eines Gegenstandes.

① リンリンちゃんは長い髪をしています。　Lin Lin hat lange Haare.

② この人形は大きい目をしています。　Diese Puppe hat große Augen.

③ このパンは帽子みたいな形をしている。　Dieses Brot hat eine Form wie ein Hut.

# Lektion 9

## 1. お～ますです

Form der 尊敬語 (ehrerbietige Ausdrücke) für ～している．Sie wird als 尊敬語 für gerade andauernde Handlungen oder Zustände, in denen eine Handlung beendet ist und das Resultat daraus anhält, benutzt.

① 何をお読みですか。　Was lesen Sie gerade?
　＝何を読んでいますか。　Was lesen Sie gerade?
② いい時計をお持ちですね。　Sie haben aber eine schöne Uhr.
　＝いい時計を持っていますね。　Sie haben aber eine schöne Uhr.

Bei Zustandsverben wird es als ehrerbietiger Ausdruck für den gegenwärtigen Zustand benutzt.

③ 時間がおありですか。　Hätten Sie Zeit?
　＝時間がありますか。　Haben Sie Zeit?

Außerdem kommt es bei Verben, die Kommen, Gehen, Aufbruch oder Ankunft ausdrücken, auch vor, dass die Form je nach Situation als ehrerbietiger Ausdruck für Handlungen in der Zukunft oder Vergangenheit verwendet wird.

④ 部長は何時にお着きですか。　Wann kommt der/die Abteilungsleiter/in an?
　＝部長は何時に着きますか。　Wann kommt der/die Abteilungsleiter/in an?
⑤ （夕方、隣の家の人に会って）今、お帰りですか。
　（Wenn man abends seine/n Nachbarn/Nachbarin trifft:) Sind Sie gerade nach Hause gekommen?
　＝今、帰りましたか。　Sind Sie gerade nach Hause gekommen?

Außerdem nehmen die folgenden Verben besondere Formen an:

⑥ 行く・いる・来る　（gehen/da sein/kommen）→ おいでです
　来る　（kommen）→ お越しです・お見えです
　食べる　（essen）→ お召し上がりです
　着る　（anziehen）→ お召しです
　寝る　（schlafen）→ お休みです
　住んでいる　（wohnen）→ お住まいです
　知っている　（kennen）→ ご存じです

## 2. ～てもかまわない

```
V て -Form
いA －い → くて      ＋ もかまわない
なA ┐
N   ┘ ＋ で
```

Diese Konstruktion drückt aus, dass man eine Erlaubnis erteilt bzw. etwas duldet. In Fragen wird es zu einem Ausdruck, um nach Erlaubnis zu fragen. Es gleicht ～てもいい, ist aber ein förmlicherer Ausdruck.

① ここに座ってもかまいませんか。　Darf ich mich hier hinsetzen?
② 間に合わなかったら、あしたでもかまいません。
　　Wenn Sie es nicht rechtzeitig schaffen, geht es auch morgen.

vgl. 「～てもいい（Erlaubnis）」：写真を撮ってもいいです。

(☞『みんなの日本語初級Ⅰ』L.15)

## 3. …ほど～ない・…ほどではない（Vergleich）

```
(1) N           ┐       ┌ いA －い → く ＋ ない
    V einfache Form ┘ ほど ┘ なA －だ → ではない

(2) N           ┐
    V einfache Form ┘ ほどではない
```

(1) A は B ほど X ではない drückt aus, dass sowohl A als auch B „X" sind, aber wenn man sie vergleicht, A weniger „X" ist als B.

① 中国は日本より広いが、ロシアほど広くはない。
　　China ist größer als Japan, aber nicht so groß wie Russland.
② 八ヶ岳は有名な山だが、富士山ほど有名ではない。
　　Der Yatsugatake ist ein bekannter Berg, aber nicht so bekannt wie der Fuji.
③ 田中先生は厳しいですか。　Ist Herr/Frau Tanaka streng?
　　…ええ、でも、鈴木先生ほど厳しくないですよ。
　　Ja, aber nicht so streng wie Herr/Frau Suzuki.

Bei B kann auch „V einfache Form ほど", wie z.B. 思ったほど oder 考えていたほど, stehen.

④ このレストランは人気があるそうだが、料理は思ったほどおいしくなかった。
　　Dieses Restaurant soll beliebt sein, aber das Essen war nicht so lecker, wie ich gedacht hatte.

(2) Es kommt auch vor, dass „X" weggelassen wird.
⑤ 10月に入って少し寒くなったが、まだコートを着るほどではない。

Mit dem Beginn des Oktobers ist es etwas kälter geworden, aber noch nicht so, dass man einen Mantel anziehen würde.

## 4. ～ほど～はない／いない (Vergleich)

N ほど { いA / なA －な } N ＋ はない／いない

X ほど Y はない／いない bedeutet „X ist am meisten Y".

① スポーツのあとに飲むビールほどおいしいものはない。

Es gibt nichts, was so lecker ist wie ein Bier, das man nach dem Sport trinkt.

② 田中さんほど仕事がよくできる人はいません。

Es gibt niemanden, der so gut arbeiten kann wie Herr/Frau Tanaka.

③ この島で見る星ほど美しいものはありません。

Es gibt nichts Schöneres als die Sterne, die man auf dieser Insel sieht.

④ 田中先生ほど親切で熱心な先生はいない。

Es gibt keinen Lehrer/keine Lehrerin, der/die freundlicher und eifriger ist als Herr/Frau Tanaka.

⑤ アジアで『ドラえもん』ほどよく知られている漫画はありません。

In Asien gibt es keinen *Manga*, der bekannter ist als „*Doraemon*".

## 5. …ため［に］、…・…ためだ (Ursache/Grund)

Satz（einfache Form）
いA
なA －な
N の
＋ { ため［に］ / ためだ }

X ために、Y ist eine schriftsprachliche Formulierung, die ausdrückt, dass X die Ursache bzw. der Grund dafür ist, dass sich Y ereignet hat. Sie wird in einem steiferen Schreibstil verwendet als から・ので. Wenn man zuerst das Ergebnis Y nennt und die Ursache/den Grund X im Prädikat ausdrückt, wird sie zu Y（の）は X ためだ.

① 大雪が降ったために、空港が使えなくなりました。

Da große Schneemassen gefallen sind, kann man den Flughafen nicht mehr nutzen.

② 空港が使えなくなったのは、大雪が降ったためです。

Dass man den Flughafen nicht mehr nutzen kann, liegt daran, dass große Schneemassen gefallen sind.

## 6. ～たら／～ば、…た （irrealer Gebrauch）

Vたら／Vば、…た

いA －い → かったら／ければ、  
なA ＋だったら／なら、 　　　　 ｝…た

Dies ist ein Ausdruck, mit dem man bezüglich einer Sache, die sich in Wirklichkeit nicht ereignet hat, eine Annahme äußert, wie es gewesen wäre, wenn sie sich ereignet hätte. Am Satzende steht ein Ausdruck, der eine Vermutung ausdrückt, oder のに.

① もし昨日雨が降っていたら、買い物には出かけなかっただろう。
   Wenn es gestern geregnet hätte, wäre ich wohl nicht zum Einkaufen ausgegangen.

② お金があれば、このパソコンが買えたのに。
   Wenn ich Geld gehabt hätte, hätte ich diesen PC kaufen können.

③ この間見たパソコン、買ったんですか。
   Haben Sie den PC gekauft, den Sie vor kurzem gesehen haben?
   …いいえ、もう少し安ければ、買ったんですが……。
   Nein, wenn er noch ein bisschen günstiger gewesen wäre, hätte ich ihn gekauft … .

vgl. 「～たら（Annahme）」：お金があったら、旅行します。

「～たら（etwas, das in der Zukunft mit Sicherheit eintreten wird）」：
10時になったら、出かけましょう。　　　　　（☞『みんなの日本語初級Ⅰ』L.25）

「～ば（Bedingung）」：ボタンを押せば、窓が開きます。
　　　　　　　　　　　　　　　　　　　　　　（☞『みんなの日本語初級Ⅱ』L.35）

# Lektion 10

## 1. (1) ┃…はずだ┃

```
V  ⎫
いA ⎬ einfache Form
なA   einfache Form         ⎫
      －だ → な              ⎬ ＋ はずだ
N    einfache Form          ⎭
      －だ → の
```

…はずだ drückt aus, dass der Sprecher aufgrund einer Berechnung, seines Wissens oder der Logik fest von etwas überzeugt ist.

① 飛行機で東京まで1時間だ。2時に大阪を出発すれば3時には着くはずだ。

Mit dem Flugzeug dauert es eine Stunde bis Tōkyō. Wenn wir um 2 in Ōsaka aufbrechen, müssten wir um 3 ankommen.

② 薬を飲んだから、もう熱は下がるはずだ。

Ich habe ein Medikament genommen, deshalb müsste das Fieber schon sinken.

③ 子どもが8人もいたから、生活は楽ではなかったはずだ。

Weil sie 8 Kinder hatten, war das Leben sicher nicht leicht.

はず benutzt man auf die gleiche Weise wie ein Nomen, z.B. in はずなのに, はずの, そのはず.

④ 山田さんは来ますか。　Kommt Herr/Frau Yamada?

…はい、そのはずです。　Ja, er/sie müsste kommen.

vgl. 「…はずだ」:

ミラーさんは今日来るでしょうか。

…来るはずですよ。昨日電話がありましたから。　　　　(☞『みんなの日本語初級Ⅱ』L.46)

## 1．(2) …はずが／はない

```
V  }
いA } einfache Form
なA   einfache Form
      －だ → な              }  ＋ はずが／はない
N    einfache Form
      －だ → の
```

はずがない／はずはない ist die verneinte Form von はずだ und bedeutet „es kann nicht sein, dass / es ist unmöglich, dass 〜". Ausgehend von einer sicheren Grundlage verneint man etwas mit Nachdruck.

① あんなに練習したんだから、今日の試合は負けるはずがない。
   Weil wir so viel trainiert haben, können wir das Spiel heute nicht verlieren.

② 人気がある映画なのだから、おもしろくないはずはありません。
   Weil es ein erfolgreicher Film ist, kann er nicht uninteressant sein.

③ 階段の前に1週間前から赤い自転車が置いてある。ワットさんも赤い自転車を持っているが、今修理に出してある。だからこの自転車はワットさんの自転車のはずがない。
   Vor der Treppe steht seit einer Woche ein rotes Fahrrad. Herr Watt hat auch ein rotes Fahrrad, aber er hat es in Reparatur gegeben. Deshalb kann dieses Fahrrad nicht das von Herrn Watt sein.

Wenn man die Aussage des Gesprächspartners mit der Empfindung, dass sie nicht den Tatsachen entspricht, mit Nachdruck zurückweist, benutzt man そんなはずはない．

④ かぎがかかっていなかったよ。　Es war nicht abgeschlossen.
   …そんなはずはありません。　Das kann nicht sein.

## 1．(3) …はずだった

```
V  }
いA } einfache Form
なA   einfache Form
      －だ → な              }  ＋ はずだった
N    einfache Form
      －だ → の
```

…はずだった ist die Vergangenheitsform von …はずだ und drückt aus, dass man dachte, dass etwas selbstverständlich so werden würde. Häufig wird es in Fällen verwendet, in denen ein anderes Ergebnis eingetreten ist, als man gedacht hatte.

① 旅行に行くはずだった。しかし、病気で行けなくなった。

Ich wäre eigentlich verreist. Aber wegen meiner Krankheit konnte ich dann doch nicht fahren.

② パーティーには出ないはずだったが、部長が都合が悪くなったので、わたしが出席することになった。

Ich wäre eigentlich nicht zur Party gegangen, aber weil dem/r Abteilungsleiter/in etwas dazwischengekommen ist, kam es so, dass ich teilnehme.

vgl. 「…はずだ」：ミラーさんは今日来るでしょうか。
　　　　　　　…来るはずですよ。昨日電話がありましたから。

(☞『みんなの日本語初級Ⅱ』L.46)

## 2. …ことが／もある

V Wörterbuchform
V ない -Form　－ない
いA
なA　－な
Nの
　　　　　　　＋ ことが／もある

(1) ことがある・こともある bedeutet, dass manchmal X passiert bzw. sich manchmal der Zustand X ergibt.

① 8月はいい天気が続くが、ときどき大雨が降ること ｛が／も｝ ある。

Im August hält gutes Wetter an, aber manchmal kommt es vor/kommt es auch vor, dass starker Regen fällt.

② 母の料理はいつもおいしいが、ときどきおいしくないこと ｛が／も｝ ある。

Das Essen meiner Mutter schmeckt normalerweise gut, aber manchmal kommt es vor, dass es nicht gut schmeckt.

③ このスーパーはほとんど休みがないが、たまに休みのこと ｛が／も｝ ある。

Dieser Supermarkt hat fast nie zu, aber manchmal kommt es vor, dass er geschlossen hat.

(2) ことがある und こともある werden in den meisten Fällen mit der gleichen Bedeutung verwendet.

④ このエレベーターは古いから、たまに止まること ｛が／も｝ ある。

Da dieser Aufzug alt ist, kommt es ab und zu vor, dass er stecken bleibt.

⑤ 彼女の電話はいつも長いが、たまには短いこと ｛が／も｝ ある。

Ihre Telefongespräche sind normalerweise lang, aber ab und zu kommt es vor, dass sie kurz sind.

⑥ うちの子どもたちはとても元気だが、1年に何度か熱を出すこと {が／も} ある。

Unsere Kinder sind für gewöhnlich gesund, aber ein paar Mal im Jahr kommt es vor, dass sie Fieber bekommen.

vgl. 「Vた-Form ＋ことがある（Erfahrung）」:

わたしはパリに行ったことがあります。 (☞『みんなの日本語初級Ⅰ』L.19)

## 3. ～た結果、… ・ ～の結果、…

Vた-Form ⎫
　　　　　⎬ ＋ 結果（Resultat）、…
Nの　　　 ⎭

Diese Konstruktion drückt aus, dass dadurch, dass man die Handlung ～ ausführt, … herbeigeführt wird. Man benutzt sie hauptsächlich in der Schriftsprache, aber auch in den Fernseh- oder Radionachrichten wird sie häufig verwendet.

① {調査した／調査の} 結果、この町の人口が減ってきていることがわかりました。

{Dadurch, dass man die Untersuchung gemacht hat/Durch die Untersuchung} hat man erkannt, dass die Einwohnerzahl dieser Stadt schrumpft.

② 両親と {話し合った／の話し合いの} 結果、アメリカに留学することに決めました。

{Als Ergebnis dessen, dass ich mit meinen Eltern gesprochen habe/Als Ergebnis des Gesprächs mit meinen Eltern} habe ich beschlossen, nach Amerika zu gehen, um zu studieren.

## 4. (1) ～出す（Verbalkompositum）

Vます-Form ＋出す bedeutet, dass die Handlung V beginnt.

Bsp. 泣き出す (losheulen)、（雨が）降り出す (anfangen zu regnen)、動き出す (anfangen sich zu bewegen)、歩き出す (loslaufen)、読み出す (anfangen zu lesen)、歌い出す (anfangen zu singen)、話し出す (anfangen zu sprechen)

① 急に雨が降り出した。　Plötzlich hat es angefangen zu regnen.

Vます-Form ＋出す kann man nicht für Einladungen oder Bitten benutzen.

② 先生がいらっしゃったら、{○食べ始めましょう／×食べ出しましょう}。

（Einladung）

Lassen Sie uns essen, wenn der Lehrer/die Lehrerin kommt.

③ 本を {○読み始めてください／×読み出してください}。（Bitte）

Bitte fangen Sie an zu lesen.

## 4．(2)  ～始める・～終わる・～続ける （Verbalkomposita）

Diese Komposita drücken aus, dass V anfängt, aufhört bzw. andauert.

① 雨は3時間くらい続きましたが、電話がかかってきたのは、｛○雨が降り始めた／×雨が降った｝ときでした。

Der Regen hat ungefähr 3 Stunden angedauert, und dass der Anruf kam, war als es angefangen hat zu regnen.

② 宿題の作文を｛○書き終わる／×書く｝前に、友達が遊びに来た。

Bevor ich den Aufsatz, den wir als Hausaufgabe hatten, zu Ende geschrieben hatte, kam ein Freund zu Besuch.

③ 5分間走り続けてください。　Laufen Sie bitte 5 Minuten lang.

## 4．(3)  ～忘れる・～合う・～換える （Verbalkomposita）

(1) Vます-Form ＋忘れる bedeutet, dass man vergisst, V zu tun.

① 今日の料理は塩を入れ忘れたので、おいしくない。

Das Essen heute schmeckt nicht gut, weil ich vergessen habe, Salz hineinzutun.

(2) Vます-Form ＋合う bedeutet, dass mehrere Menschen oder Dinge gegenseitig V tun.

② 困ったときこそ助け合うことが大切だ。

Gerade wenn man in Schwierigkeiten ist, ist es wichtig, sich gegenseitig zu helfen.

(3) Vます-Form ＋換える bedeutet, dass man V tut und etwas (aus)wechselt oder etwas (aus)wechselt und V tut.

③ 部屋の空気を入れ換えた。

Ich habe frische Luft ins Zimmer gelassen (wörtl. hineingelassen und so ausgetauscht).

④ 電車からバスに乗り換えた。　Ich bin vom Zug in den Bus umgestiegen.

### 読む・書く

#### …ということになる

Mit …ということになる fasst man mehrere Informationen zusammen und drückt aus, dass das Ergebnis … erreicht wird.

① 申し込む学生が10人以上にならなければ、この旅行は中止ということになる。

Wenn sich nicht mindestens 10 Studierende anmelden, fällt die Reise aus (wörtl. Wenn die Zahl der Studierenden, die sich anmelden, nicht mindestens 10 erreicht, heißt das, dass die Reise ausfällt).

② 今夜カレーを食べれば、3日続けてカレーを食べたということになる。

Wenn wir heute abend Curry essen, heißt das, dass wir 3 Tage hintereinander Curry gegessen haben.

# Lektion 11

**1.** ~てくる・~ていく （Veränderung）

(1) ~てくる drückt aus, dass etwas unter stetiger Veränderung den jetzigen Zeitpunkt erreicht hat.

① だんだん春(はる)らしくなってきました。　Allmählich ist es frühlingshaft geworden.

(2) ~ていく drückt aus, dass man sich von jetzt an in eine Zeit begibt, in der Veränderungen eintreten.

② これからは、日本(にほん)で働(はたら)く外国人(がいこくじん)が増(ふ)えていくでしょう。

Von jetzt an werden die Ausländer, die in Japan arbeiten, wohl immer mehr werden.

vgl. 「~てくる・~ていく（Bewegungsrichtung）」：兄(あに)が旅行(りょこう)から帰(かえ)ってきた。

（☞『みんなの日本語中級Ⅰ』L.6）

**2.** ~たら［どう］？

V たら

(1) Diese Konstruktion benutzt man, wenn man denkt, dass es gut wäre, etwas (V) zu tun, und es dem Gesprächspartner vorschlägt. Man weist ohne Umschweife auf Möglichkeiten hin, die der Gesprächspartner ergreifen kann. ~たらいかがですか ist die höfliche Entsprechung zu ~たらどう？

① A：今日(きょう)は恋人(こいびと)の誕生日(たんじょうび)なんだ。　Heute hat mein Freund/meine Freundin Geburtstag.
　　B：電話(でんわ)でもかけて｛あげたらどう／あげたらいかがですか｝？

Wie wäre es, ｛wenn du ihn/sie anrufst / wenn Sie ihn/sie anrufen｝ oder so?

(2) ~たらどう？／~たら？ benutzt man gegenüber niedriger gestellten Personen oder vertrauten Menschen wie der Familie oder Freunden.

② A：少(すこ)し熱(ねつ)があるみたい…。　Ich scheine etwas Fieber zu haben.
　　B：薬(くすり)を飲(の)んで、今日(きょう)は早(はや)く寝(ね)たら？

Wie wäre es, wenn du ein Medikament nimmst und heute früh schlafen gehst?

**3.** …より…ほうが… （Vergleich）

$$\left.\begin{array}{l}\text{V}\\ \text{いA}\\ \text{なA}\\ \text{N}\end{array}\right\}\text{Wörterbuchform} \quad \text{より} \quad \left\{\begin{array}{l}\text{V}\\ \text{いA}\\ \text{なA}\ -\text{な}\\ \text{Nの}\end{array}\right\}\text{Wörterbuchform}\right\} + \text{ほうが…}$$

(1) YよりXほうが… wird hauptsächlich als Antwort auf die Frage XとYとではどちらが…ですか verwendet.
① 北海道と東京とではどちらが寒いですか。
Wo ist es kälter, auf Hokkaidō oder in Tōkyō?
…○ 北海道のほうが寒いです。　Auf Hokkaidō ist es kälter.
　× 北海道は東京より寒いです。　Auf Hokkaidō ist kälter als in Tōkyō.

(2) Man kann YよりXほうが… auch benutzen, wenn es sich nicht um eine Antwort handelt. In diesem Fall hat es die Nuance, dass der Sprecher betont, dass man vielleicht denkt, Y sei mehr … als X, es in Wirklichkeit jedoch anders ist.
② 今日は、北海道より東京のほうが気温が低かったです。
Heute war die Temperatur in Tōkyō niedriger als auf Hokkaidō.
③ 漢字は見て覚えるより書いて覚えるほうが忘れにくいと思います。
*Kanji* vergisst man weniger leicht, wenn man sie sich durch Schreiben merkt, als wenn man sie sich durch Anschauen merkt.
④ パーティーの料理は少ないより多いほうがいいです。
Das Essen für die Party sollte eher zu viel als zu wenig sein.
⑤ 子どもに食べさせる野菜は、値段が安いより安全なほうがいい。
Das Gemüse, das man den Kindern zu essen gibt, sollte eher unbedenklich (wörtl. sicher) als billig sein.

vgl. 「～は～より（Vergleich）」：この車はあの車より大きいです。
「～がいちばん～ (etwas, das in Bezug auf das, was durch das Adjektiv ausgedrückt wird, das Maximum ist)」：
日本料理［の中］で何がいちばんおいしいですか。
…てんぷらがいちばんおいしいです。
(☞『みんなの日本語初級Ⅰ』L.12)

## 4. ～らしい

### Nらしい

N₁ らしい N₂ drückt aus, dass N₂ die typischen Eigenschaften von N₁ hat.
① 山本さんの家はいかにも日本の家らしい家です。
Das Haus von Herrn/Frau Yamamoto ist wirklich ein typisch japanisches Haus.
② 春らしい色のバッグですね。Diese Tasche hat frühlingshafte Farben, nicht wahr?
③ これから試験を受ける会社へ行くときは学生らしい服を着て行ったほうがいいですよ。
Wenn du zu einer Firma gehst, bei der du gleich eine Prüfung machst, solltest du besser Kleidung tragen, die zu einem Studenten/einer Studentin passt.

Es kommt auch vor, dass N らしい das Prädikat bildet.

④ 今日の田中さんの服は学生らしいね。

Die Kleidung von Herrn/Frau Tanaka heute ist typisch für einen Studenten/eine Studentin, nicht?

⑤ 文句を言うのはあなたらしくない。　Es passt nicht zu dir, dich zu beschweren.

## 5. …らしい（Hörensagen/Vermutung）

$$\left.\begin{array}{l} \text{V} \\ \text{いA} \end{array}\right\} \text{einfache Form} \\ \left.\begin{array}{l} \text{なA　einfache Form} \\ \text{N　　ーだ} \end{array}\right\} \Bigg\} + \text{らしい}$$

(1) …らしい drückt aus, dass … eine Information ist, die man gehört, gelesen o.ä. hat (Hörensagen).

① 新聞によると、昨日の朝 中国で大きい地震があったらしい。

Laut der Zeitung soll es gestern morgen in China ein großes Erdbeben gegeben haben.

② 雑誌で見たんだけど、あの店のケーキはおいしいらしいよ。

In einer Zeitschrift habe ich gelesen, dass der Kuchen in jenem Geschäft lecker sein soll.

③ 先生の話では、試験の説明は全部英語らしい。

Dem zufolge, was der/die Lehrer/in sagt, sollen die Erklärungen in der Prüfung alle auf Englisch sein.

(2) …らしい drückt auch aus, dass man basierend auf den Informationen, die man gehört, gesehen o.ä. hat, denkt, dass es wahrscheinlich so ist (Vermutung).

④ パーティーが始まったらしい。会場の中からにぎやかな声が聞こえてくる。

Die Party scheint angefangen zu haben. Aus dem Saal sind lebhafte Stimmen zu hören.

⑤ 山田さんはずいぶんのどがかわいていたらしい。コップのビールを休まずに全部飲んでしまったよ。

Herr/Frau Yamada hatte anscheinend ziemlichen Durst. Er/Sie hat sein/ihr Glas Bier ohne abzusetzen komplett ausgetrunken.

vgl. 「N らしい（Vergleich/Veranschaulichung durch ein Beispiel）」：
春らしい色のバッグですね。

## 6. ～として

**N として**

～として drückt aus, dass etwas den Status/Standpunkt/Gesichtspunkt ～ hat.

① 会社の代表として、お客さんに新しい商品の説明をした。

Als Repräsentant/in der Firma habe ich den Kunden die neuen Produkte erläutert.

② 東京は、日本の首都として世界中に知られている。

Tōkyō ist als Hauptstadt Japans auf der ganzen Welt bekannt.

## 7. (1) ～ず［に］… (Begleitumstand, Mittel)

**V ない -Form ＋ ず［に］…　(aber「～する」→「～せず」)**

～ず［に］… ist ein schriftsprachlicher Ausdruck für ～ないで…, das einen Begleitumstand oder ein Mittel ausdrückt.

① その男は先週の土曜日にこの店に来て、一言も話さず、酒を飲んでいた。

Der Mann kam letzte Woche Samstag in diese Bar und trank *Sake*, ohne auch nur ein Wort zu reden.

② 急いでいたので、かぎを｛かけずに／かけないで｝出かけてしまった。

（Begleitumstand）

Weil ich in Eile war, bin ich aus dem Haus gegangen ohne abzuschließen.

③ 辞書を｛使わずに／使わないで｝新聞が読めるようになりたい。（Mittel）

Ich möchte Zeitung lesen können (wörtl. so weit kommen, Zeitung lesen zu können), ohne ein Wörterbuch zu benutzen.

## 7. (2) ～ず、… (Ursache/Grund, Parataxe)

**V ない -Form ＋ ず、…　(aber「～する」→「～せず」)**

(1) ～ず、… ist ein schriftsprachlicher Ausdruck für ～なくて、…, das eine Ursache/einen Grund ausdrückt.

① 子どもの熱が｛下がらず／下がらなくて｝、心配しました。

Ich habe mir Sorgen gemacht, da das Fieber meines Kindes nicht sank.

(2) X ず、Y wird auch im Sinn der Nebenordnung von Satzteilen gebraucht: Man tut nicht X, sondern Y.

② 田中さんは今月出張せず、来月出張することになりました。

Es hat sich so ergeben, dass Herr/Frau Yamada nicht diesen Monat, sondern nächsten Monat auf Dienstreise geht.

> vgl. 「～なくて (Ursache und Folge)」：家族に会えなくて、寂しいです。
> (☞『みんなの日本語初級Ⅱ』L.39)

## 8. ～ている (Erfahrung/persönliche Vergangenheit)

(1) ～ている drückt aus, dass eine historische Tatsache, Erfahrung oder persönliche Vergangenheit vorhanden ist. Es wird häufig zusammen mit ～回 (～ mal), 長い間 (lange Zeit) oder anderen die Häufigkeit oder eine Zeitdauer ausdrückenden Adverbien benutzt.

① この寺は今まで2回火事で焼けている。

Dieser Tempel ist bis jetzt zweimal abgebrannt.

② 京都では長い間大きな地震が起こっていない。もうすぐ地震が来るかもしれない。

In Kyōto hat es lange Zeit kein großes Erdbeben gegeben. Es könnte sein, dass bald ein Erdbeben kommt.

(2) Dieses ～ている wird dann benutzt, wenn die Tatsache, dass früher einmal eine bestimmte Handlung stattgefunden hat, irgendeine Beziehung zum gegenwärtigen Zustand des Subjekts hat.

③ 田中さんは高校のときアメリカに留学している。だから、英語の発音がきれいだ。

Herr/Frau Tanaka hat während der Oberschulzeit einen Auslandsaufenthalt in Amerika gemacht. Deshalb hat er/sie eine saubere englische Aussprache.

> vgl. 「～ている (Fortdauer)」：ミラーさんは今電話をかけています。
> (☞『みんなの日本語初級Ⅰ』L.14)
>
> 「～ている (Resultatszustand)」：サントスさんは結婚しています。
> (☞『みんなの日本語初級Ⅰ』L.15)
>
> 「～ている (Gewohnheit)」：毎朝ジョギングをしています。
> (☞『みんなの日本語初級Ⅱ』L.28)
>
> 「～ている (Resultatszustand)」：窓が割れています。 (☞『みんなの日本語初級Ⅱ』L.29)

### 話す・聞く

**〜なんかどう？**

〜なんか benutzt man, wenn man dem Hörer ein passendes Beispiel gibt. Man kann damit die Nuance einbringen, dass es auch noch anderes gibt, und so vermeiden, dem Hörer die eigene Idee aufzudrängen.

① ［店で］これなんかいかがでしょうか。　[Im Laden] Wie wäre es zum Beispiel hiermit?

② A：次の会長はだれがいいかな。
　　　Wer wäre wohl als nächster Vorsitzender gut?
　　B：田中さんなんかいいと思うよ。
　　　Ich denke, jemand wie Herr/Frau Tanaka wäre gut.

〜などどうですか ist ein etwas förmlicherer Ausdruck.

# Lektion 12

1. …もの／もんだから

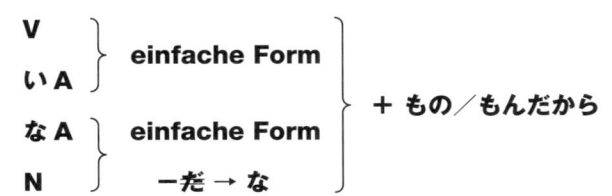

   V ｝ einfache Form
   いA ｝
   なA ｝ einfache Form ｝ ＋もの／もんだから
   N ｝ ーだ → な

   …もの／もんだから drückt eine Ursache/einen Grund aus.
   ① 急いでいたものですから、かぎをかけるのを忘れてしまいました。
   　　Weil ich in Eile war, habe ich leider vergessen abzuschließen.
   ② とても安かったものだから、買いすぎたんです。
   　　Weil es sehr billig war, habe ich zu viel gekauft.

   X ものだから Y wird manchmal benutzt, wenn man sich dann, wenn ein unerfreuliches Ergebnis Y eingetreten ist, rechtfertigt oder einen Grund angibt, um zu erklären, dass man nicht dafür verantwortlich ist.
   ③ A：どうしてこんなに遅くなったんですか。　Warum ist es so spät geworden?
   　　B：すみません。出かけようとしたら、電話がかかってきたものですから。
   　　　　Entschuldigung. Als ich gerade das Haus verlassen wollte, kam ein Anruf.

   …ものだから ist anders als から und ので nicht dafür geeignet, einen objektiven Grund/eine objektive Ursache auszudrücken.
   ④ この飛行機は1時間に300キロ飛ぶ｛〇から／〇ので／×ものだから｝、3時間あれば向こうの空港に着く。
   　　Da dieses Flugzeug 300 Kilometer pro Stunde fliegt, kommt man in 3 Stunden dort am Flughafen an.

   vgl. 「…から（Grund）」：
   　　どうして朝、新聞を読みませんか。…時間がありませんから。
   　　　　　　　　　　　　　　　　　　　　　　（☞『みんなの日本語初級Ⅰ』L.9）

2. (1) ～（ら）れる (indirektes Passiv (intransitive Verben))

   Bei den Passivsätzen im Japanischen gibt es neben dem direkten Passiv, bei dem das Objekt Y eines transitiven Verbs aus Xが（は）YをVする zum Subjekt wird, auch Passivsätze, bei denen man das Y aus XがYにVする zum Subjekt macht, und außerdem solche, bei denen man den Besitzer Y des Objekts Z eines transitiven Verbs aus XがYのZをVする zum Subjekt macht.

① 先生はわたしを注意した。(を → が（は）)
 → わたしは先生に注意された。

② 部長はわたしに仕事を頼んだ。(に → が（は）)
 → わたしは部長に仕事を頼まれた。

③ 泥棒がわたしの財布を盗んだ。(の → が（は）)
 → わたしは泥棒に財布を盗まれた。 (①〜③☞『みんなの日本語初級Ⅱ』L.37)

Ferner ist es im Japanischen möglich, ein intransitives Verb aus Xが（は）Vする ins Passiv zu setzen. In diesem Fall wird die Person, die durch das Verhalten von X beeinflusst wird, zum Subjekt, und man drückt aus, dass sie einen negativen Einfluss (Unannehmlichkeit, Schaden etc.) erfahren hat.

④ 昨日雨が降った。(intransitives Verb) Es hat gestern geregnet.
 → わたしは昨日雨に降られて、ぬれてしまった。(Passiv des intransitiven Verbs)
  Ich bin gestern in den Regen gekommen und ganz nass geworden.

⑤ あなたがそこに立つと、前が見えません。(intransitives Verb)
 → あなたにそこに立たれると、前が見えません。(Passiv des intransitiven Verbs)
  Wenn Sie sich mir in den Weg stellen, kann ich nicht sehen, was vorne ist.

Es gibt auch den Fall, dass der Besitzer des Subjekts eines intransitiven Verbs zum Subjekt wird.

⑥ わたしの父が急に死んで、わたしは大学に行けなかった。(intransitives Verb)
  Da mein Vater plötzlich gestorben ist, konnte ich nicht auf die Universität gehen.
 → わたしは父に急に死なれて、大学に行けなかった。
  (Passiv des intransitiven Verbs)
  Da (wörtl. Da mir) mein Vater plötzlich gestorben ist, konnte ich nicht auf die Universität gehen.

## 2.(2) 〜（ら）れる (indirektes Passiv (transitive Verben))

Man kann das Passiv, das ausdrückt, dass man eine Unannehmlichkeit oder einen Schaden erlitten hat, auch bei transitiven Verben benutzen.

① こんなところに信号を作られて、車が渋滞するようになってしまった。

Dadurch, dass an diesem Ort eine Ampel gebaut wurde, ist es so geworden, dass sich der Verkehr (wörtl. die Autos) stauen.

② わたしの家の前にゴミを捨てられて困っています。

Es ist ein Ärgernis, dass vor meinem Haus Müll weggeworfen wird (wörtl. Ich bin in Schwierigkeiten, weil vor meinem Haus ...).

vgl. 「～（さ）せられる／される (Kausativ-Passiv)」: 太郎君は先生に掃除をさせられた。

(☞『みんなの日本語中級Ⅰ』L.4)

## 3. ～たり～たり

**V たり**

**い A → ―いかったり**

**な A → ―だったり**

**N → ―だったり**

(1) ～たり～たり ist ein Ausdruck, mit dem man aus einigen Handlungen zwei oder drei beliebige Beispiele gibt.

① 休みの日は、洗濯をしたり、掃除をしたりします。（Aufzählung von Handlungen）

(☞『みんなの日本語初級Ⅰ』L.19)

(2) Indem man für $V_1$ und $V_2$ Verben mit gegensätzlichen Bedeutungen verwendet, kann man mit $V_1$ たり $V_2$ たり auch ausdrücken, dass $V_1$ und $V_2$ im Wechsel passieren.

② 映画を見ているとき笑ったり泣いたりしました。

Während ich den Film sah, musste ich abwechselnd lachen und weinen.

③ この廊下は人が通ると、電気がついたり消えたりします。

Wenn Leute diesen Flur entlang gehen, gehen die Lichter an und aus.

Wenn viele verschiedene Sorten vorstellbar sind, wird die Form auch an Adjektive angeschlossen.

④ この店の食べ物は種類が多くて、甘かったり辛かったりします。

In diesem Restaurant gibt es viele Arten von Gerichten, z.B. süße oder scharfe.

## 4. ～っぱなし

**V ます -Form ＋ っぱなし**

～っぱなし bedeutet, dass das, was normalerweise folgt, nachdem man ～ getan hat, nicht passiert, und deshalb der gleiche Zustand lange Zeit andauert, was als schlecht beurteilt wird. Als ～ setzt man die ます -Form der Verben (den Stamm) ein.

① 服が脱ぎっぱなしだ。片づけないから、部屋が汚い。

Die Kleidung liegt in der Gegend herum (wörtl. liegt so herum, wie er/sie sie ausgezogen hat). Weil er/sie nicht aufräumt, ist das Zimmer unordentlich.

② こらっ。ドアが開けっぱなしだよ。早く閉めなさい。

He! Die Tür ist offen! Mach sie schnell zu!

vgl. 「～たまま、…・～のまま、…」：
眼鏡をかけたまま、おふろに入った。

(☞『みんなの日本語中級Ⅰ』L.8)

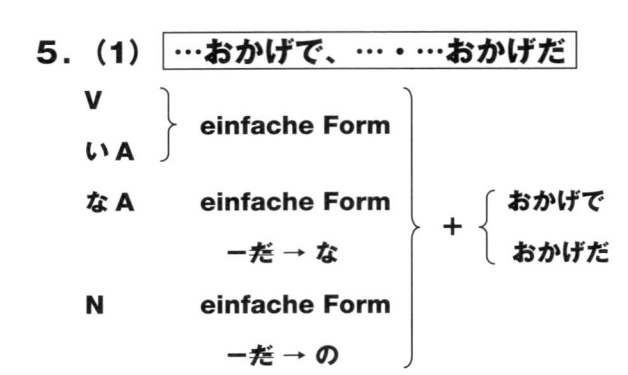

## 5．(1) …おかげで、…・…おかげだ

V　　　einfache Form
いA

なA　　einfache Form
　　　　ーだ → な　　　　　＋　おかげで
　　　　　　　　　　　　　　　　おかげだ
N　　　einfache Form
　　　　ーだ → の

X おかげで、Y・X おかげだ benutzt man, wenn aus einer Ursache X ein positives Ergebnis Y hervorgegangen ist.

① 先生が手紙を書いてくださったおかげで、大きい病院で研修を受けられることになった。

Weil der Lehrer/die Lehrerin mir freundlicherweise eine Empfehlung (wörtl. einen Brief) geschrieben hat, ist es dazu gekommen, dass ich in einem großen Krankenhaus ein Praktikum absolvieren kann.

② 値段が安かったおかげで、たくさん買えました。

Da der Preis günstig war, konnte ich viel kaufen.

③ 地図の説明が丁寧なおかげで、待ち合わせの場所がすぐにわかりました。

Da die Erklärung auf der Karte sorgfältig war, habe ich den Treffpunkt gleich gefunden.

④ 皆様のおかげで、スピーチ大会で優勝することができました。

Dank Ihnen allen konnte ich beim Redewettbewerb gewinnen.

## 5. (2) …せいで、…・…せいだ

```
V  ⎫
いA ⎬ einfache Form              ⎫ せいで
なA   einfache Form         +    ⎬
      －だ → な                   ⎭ せいだ
N    einfache Form
      －だ → の
```

Wenn stattdessen ein negatives Ergebnis eingetreten ist, benutzt man …せいで・…せいだ.

① 事故のせいで、授業に遅れてしまった。

　　Wegen des Unfalls bin ich leider zu spät zum Unterricht gekommen.

② ｛風邪薬を飲んでいる／風邪薬の｝ せいで、眠くなった。

　　｛Weil ich das Medikament genommen habe, / Wegen des Medikaments｝ bin ich müde geworden.

## 話す・聞く

### …みたいです（Vermutung）

```
V  ⎫
いA ⎬ einfache Form
なA ⎬ einfache Form     + みたいだ
N  ⎭ －だ
```

…みたいです drückt aus, dass es sich um ein Urteil aufgrund von Umständen wie dem äußeren Anschein handelt.

① 電気が消えているね。隣の部屋は留守みたいだね。

　　Das Licht ist aus, nicht wahr? Im Zimmer nebenan ist anscheinend niemand.

② 田中さんはお酒を飲んだみたいです。顔が赤いです。

　　Herr/Frau Tanaka scheint Alkohol getrunken zu haben. Sein/Ihr Gesicht ist rot.

…みたいです hat die gleiche Bedeutung wie …ようだ, jedoch benutzt man in der geschriebenen Sprache oder in förmlicher gesprochener Sprache …ようだ.

③ 資料が届いたようですので、事務室に取りに行ってまいります。

　　Da die Unterlagen anscheinend angekommen sind, gehe ich ins Büro und hole sie.

vgl. 「…ようだ（Beurteilung aus einer Situation heraus）」：
　　　隣の部屋にだれかいるようです。

（☞『みんなの日本語初級Ⅱ』L.47）

## 読む・書く

### どちらかと言えば、〜ほうだ

V　　　einfache Form
いA　　einfache Form　　　＋ ほうだ
なA　　einfache Form
　　　　ーだ → な

どちらかと言えば、X ほうだ drückt aus, dass es genau gesagt nicht vollständig X ist, aber wenn man es grob sagt, auf X hinausläuft.

① この辺りには高い店が多いのですが、この店はどちらかと言えば、安いほうです。

　　In dieser Gegend gibt es viele teure Geschäfte, aber dieses Geschäft ist eher billig.

② わたしはどちらかと言えば、好き嫌いはあまりないほうだ。

　　Ich bin eher nicht so wählerisch.

③ この町はわたしの国ではどちらかと言えば、にぎやかなほうです。

　　Diese Stadt ist für mein Land eher belebt.

④ 食事しながらお酒を飲みますか。 Trinken Sie Alkohol zum Essen?

　　…そうですね。いつもではありませんが、どちらかと言えば、飲むほうですね。

　　Nun ja. Nicht immer, aber es ist doch eher so, dass ich welchen trinke.

### 〜ます／ませんように

(1) 〜ますように／〜ませんように bedeutet, dass man darum bittet/hofft/betet, dass 〜 passiert/nicht passiert. Häufig wird es im Selbstgespräch oder als Warnung an jemand anderen zusammen mit どうか oder どうぞ verwendet.

① 優しい人と結婚できますように。

　　Hoffentlich kann ich einen gütigen Menschen heiraten.

② どうか大きい地震が起きませんように。

　　Hoffentlich gibt es kein schweres Erdbeben.

③ 先生もどうぞ風邪をひかれませんように。

　　Bitte erkälten Sie sich (wörtl. sich auch) nicht.

# Lerninhalte

| Lektion | 話す・聞く (Sprechen & Hören) | 読む・書く (Lesen & Schreiben) |
|---|---|---|
| **L.1** <br> Ziele | お願いがあるんですが <br> (Ich hätte eine Bitte…) <br> höfliche Bitte um etwas, worum man nur schwer bitten kann <br> Dankbarkeit ausdrücken | 畳 <br> (Tatami) <br> beim Lesen die Stellen suchen, wo etwas über die Geschichte und die guten Seiten einer Sache steht |
| grammatikalische Inhalte | 1．〜てもらえませんか・〜ていただけませんか・〜てもらえないでしょうか・〜ていただけないでしょうか | 2．〜のようだ・〜のような〜・〜のように… <br> 3．〜ことは／が／を <br> 4．〜を〜と言う <br> 5．〜という〜 <br> 6．いつ／どこ／何／だれ／どんなに〜ても |
| zusätzlicher Inhalt | ＊〜じゃなくて、〜 | ＊…のだ・…のではない <br> ＊何人も、何回も、何枚も… |
| **L.2** <br> Ziele | 何のことですか <br> (Was ist damit gemeint?) <br> nach der Bedeutung eines unbekannten Wortes fragen und sich vergewissern, was man machen soll | 外来語 <br> (Fremdwörter) <br> Beispiele und Meinungen suchen |
| grammatikalische Inhalte | 1．(1)〜たら、〜た <br> (2)〜たら、〜た <br> 2．〜というのは〜のことだ・〜というのは…ということだ | 5．〜みたいだ・〜みたいな〜・〜みたいに… |

|  |  |  |
|---|---|---|
| | 3．…という〜<br>4．…ように言う／注意する／伝える／頼む | |
| zusätzlicher Inhalt | ＊〜ところ | |
| **L.3** | **遅れそうなんです**<br>**(Es sieht so aus, als ob ich mich verspäten werde.)** | **時間よ、止まれ！**<br>**(Zeit, halte an!)** |
| Ziele | Umstände erklären und sich höflich entschuldigen<br>höflich um eine Änderung bitten | sich ausgehend von einem Diagramm den Inhalt des Texts vorstellen |
| grammatikalische Inhalte | 1．〜（さ）せてもらえませんか・〜（さ）せていただけませんか・〜（さ）せてもらえないでしょうか・〜（さ）せていただけないでしょうか<br>2．(1) …ことにする<br>　 (2) …ことにしている<br>3．(1) …ことになる<br>　 (2) …ことになっている | 4．〜てほしい・〜ないでほしい<br>5．(1) 〜そうな〜・〜そうに…<br>　 (2) 〜なさそう<br>　 (3) 〜そうもない |
| zusätzlicher Inhalt | ＊〜たあと、… | |
| **L.4** | **伝言、お願いできますか**<br>**(Könnte ich eine Nachricht hinterlassen?)** | **電話嫌い**<br>**(Telefonhasser)** |
| Ziele | jmdm. eine Nachricht anvertrauen, eine Nachricht annehmen<br>eine Nachricht auf dem Anrufbeantworter hinterlassen | beim Lesen des Textes auf die Änderung der Gefühle achten |

| | | | |
|---|---|---|---|
| | grammatikalische Inhalte | 1．…ということだ<br>2．…の・…の？<br>3．〜ちゃう・〜とく・〜てる | 4．〜（さ）せられる・〜される<br>5．〜である<br>6．〜ます、〜ます、…・〜くて、〜くて、… [Chūshi-Form]<br>7．(1) 〜（た）がる<br>　 (2) 〜（た）がっている<br>8．…こと・…ということ |
| | zusätzlicher Inhalt | ＊〜の〜<br>＊〜ましたら、…・〜まして、… | |
| **L.5** | | どう行ったらいいでしょうか<br>(Wie komme ich am Besten hin?) | 地図<br>(Karten) |
| | Ziele | nach dem Weg fragen, den Weg erklären<br>nach der Route fragen, die Route erklären | beim Lesen über die Gründe nachdenken |
| | grammatikalische Inhalte | 1．(1) あ〜・そ〜<br>　 (2) そ〜<br>2．…んじゃない？<br>3．〜たところに／で | 4．(1) 〜（よ）う [Intentional-form] とする<br>　 (2) 〜（よ）う [Intentional-form] とする／しない<br>5．…のだろうか<br>6．〜との／での／からの／までの／への〜<br>7．…だろう・…だろうと思う |
| | zusätzlicher Inhalt | ＊…から、〜てください | ＊が／の |

| L.6 | 行かせていただきたいんですが **(Könnten Sie mir bitte erlauben, hinzugehen?)** | メンタルトレーニング **(Mentales Training)** |
|---|---|---|
| Ziele | sich an jmdn. wenden, um eine Erlaubnis zu bekommen<br>verhandeln und eine Erlaubnis bekommen | beim Lesen darauf achten, worauf „こそあど" hinweisen |
| grammatikalische Inhalte | 1．（1）…て…・…って…<br>　　（2）〜って… | 2．（1）〜つもりはない<br>　　（2）〜つもりだった<br>　　（3）〜たつもり・〜ているつもり<br>3．〜てばかりいる・〜ばかり〜ている<br>4．…とか…<br>5．〜てくる<br>6．〜てくる・〜ていく |
| zusätzlicher Inhalt | | ＊こ〜 |
| L.7 | 楽しみにしてます・遠慮させてください **(Ich freue mich darauf/Leider muss ich Ihre Einladung ablehnen.)** | まんじゅう、怖い **(Ich hab' Angst vor *Manjū*.)** |
| Ziele | eine Einladung mit Freuden annehmen<br>einen Grund nennen und höflich ablehnen | sich beim Lesen vergewissern, wer gesprochen hat |
| grammatikalische Inhalte | 1．（1）〜なくてはならない／いけない・〜なくてもかまわない | 4．（1）〜なんか…<br>　　（2）…なんて…<br>5．（1）〜（さ）せる |

|  |  |  |  |
|---|---|---|---|
|  |  | （2）〜なくちゃ／〜なきゃ［いけない］<br>2．…だけだ・［ただ］…だけでいい<br>3．…かな | （2）〜（さ）せられる・〜される<br>6．…なら、… |
| zusätzlicher Inhalt |  |  | ＊〜てくれ |
| L.8 | Ziele | 迷子になっちゃったんです<br>(Er/Sie hat sich verlaufen.)<br><br>das Aussehen von Menschen oder Dingen detailliert beschreiben | 科学者ってどう見える？<br>(Wie sehen Wissenschaftler aus?)<br><br>herauslesen, was die Antwort auf den Titel ist<br>beim Lesen darauf achten, in welcher Beziehung die einzelnen Sätze zueinander stehen |
|  | grammatikalische Inhalte | 1．（1）〜あいだ、…<br>　　（2）〜あいだに、…<br>2．（1）〜まで、…<br>　　（2）〜までに、…<br>3．〜た〜 | 4．〜によって…<br>5．〜たまま、…・〜のまま、…<br>6．…からだ |
|  | zusätzlicher Inhalt | ＊髪／目／形　をしている |  |
| L.9 | Ziele | どこが違うんですか<br>(Wo ist der Unterschied?)<br>seine Erwartungen oder Bedingungen bezüglich dessen, was man kaufen möchte, mitteilen<br>die Unterschiede ermitteln und das auswählen, was man kaufen möchte | カラオケ<br>(Karaoke)<br>die Tatsachen exakt erfassen<br>die Meinung des Verfassers erfassen |

| | | | |
|---|---|---|---|
| grammatikalische Inhalte | | 1．お　〜ます　です<br>2．〜てもかまわない<br>3．…ほど〜ない・…ほどではない | 4．〜ほど〜はない／いない<br>5．…ため［に］、…・…ためだ<br>6．〜たら／〜ば、…た |
| L.10 | | そんなはずはありません<br>(Das kann nicht sein.) | 記憶型と注意型<br>(Der Gedächtnistyp und der Aufmerksamkeitstyp) |
| | Ziele | gelassen darauf reagieren, dass man missverstanden wurde | beim Lesen nach Unterschieden suchen<br>Schlussfolgerungen erfassen |
| | grammatikalische Inhalte | 1．(1) …はずだ<br>　　(2) …はずが／はない<br>　　(3) …はずだった | 2．…ことが／もある<br>3．〜た結果、…・〜の結果、…<br>4．(1) 〜出す<br>　　(2) 〜始める・〜終わる・〜続ける<br>　　(3) 〜忘れる・〜合う・〜換える |
| | zusätzlicher Inhalt | | ＊…ということになる |
| L.11 | | お勧めのところ、ありませんか<br>(Gibt es nicht einen Ort, den Sie mir empfehlen können?) | 白川郷の黄金伝説<br>(Die Legende vom Gold von Shirakawa) |
| | Ziele | etwas vorschlagen, einen Vorschlag annehmen | sich ausgehend von einem Foto den Inhalt des Texts vorstellen<br>den Grund erfassen, warum die Legende vom Gold entstanden ist |
| | grammatikalische Inhalte | 1．〜てくる・〜ていく<br>2．〜たら［どう］？ | 5．…らしい<br>6．〜として |

|  |  |  |
|---|---|---|
|  | 3．…より…ほうが… | 7．(1) 〜ず［に］… |
|  | 4．〜らしい | (2) 〜ず、… |
|  |  | 8．…ている |
| zusätzlicher Inhalt | ＊〜なんかどう？ |  |
| **L.12** | **ご迷惑をかけてすみませんでした**<br>(Bitte entschuldigen Sie, dass ich Ihnen Unannehmlichkeiten bereitet habe.) | **【座談会】 日本で暮らす**<br>([Gesprächsrunde] In Japan leben) |
| Ziele | sich auf eine Beschwerde hin entschuldigen<br>die Umstände erklären | beim Lesen die unterschiedlichen Meinungen vergleichen |
| grammatikalische Inhalte | 1．…もの／もんだから<br>2．(1) 〜（ら）れる<br>　　(2) 〜（ら）れる | 3．〜たり〜たり<br>4．〜っぱなし<br>5．(1) …おかげで、…・…おかげだ<br>　　(2) …せいで、…・…せいだ |
| zusätzlicher Inhalt | ＊…みたいです | ＊どちらかと言えば、〜ほうだ<br>＊〜ます／ませんように |

文法担当 Beauftragte für den grammatikalischen Teil
　　庵功雄（Isao Iori）　　　高梨信乃（Shino Takanashi）　　　中西久実子（Kumiko Nakanishi）
　　前田直子（Naoko Maeda）

執筆協力 Verfasser
　　亀山稔史（Toshifumi Kameyama）　　沢田幸子（Sachiko Sawada）　　新内康子（Koko Shin'uchi）
　　関正昭（Masaaki Seki）　　　　　　田中よね（Yone Tanaka）　　　鶴尾能子（Yoshiko Tsuruo）
　　藤嵜政子（Masako Fujisaki）　　　　牧野昭子（Akiko Makino）　　　茂木真理（Mari Motegi）

編集協力 redaktionelle Mitarbeit
　　石沢弘子（Hiroko Ishizawa）

ドイツ語翻訳 Übersetzung
　　藤田香織（Kaori Fujita）
　　Christoph Schlüter

イラスト Illustration
　　佐藤夏枝（Natsue Sato）

本文レイアウト Layout der japanischen Ausgabe
　　山田武（Takeshi Yamada）

編集担当 Redaktion
　　井上隆朗（Takao Inoue）

# みんなの日本語　中級Ⅰ
## 翻訳・文法解説　ドイツ語版

2010年 3月 1日　初版第 1刷発行
2021年 10月14日　第 3 刷 発 行

編著者　スリーエーネットワーク
発行者　藤嵜政子
発　行　株式会社　スリーエーネットワーク
　　　　〒102-0083　東京都千代田区麹町3丁目4番
　　　　　　　　　　トラスティ麹町ビル2F
　　　　電話　営業　03（5275）2722
　　　　　　　編集　03（5275）2726
　　　　https://www.3anet.co.jp/
印　刷　倉敷印刷株式会社

ISBN978-4-88319-500-8　C0081
落丁・乱丁本はお取替えいたします。
本書の全部または一部を無断で複写複製（コピー）することは著作権法上
の例外を除き、禁じられています。
「みんなの日本語」は株式会社スリーエーネットワークの登録商標です。